★ 全国幼儿教师培训用书

梦山书系

幼儿园里的"问题小孩"
经典案例解析50例

王莘 ◎ 主编

海峡出版发行集团 | 福建教育出版社

图书在版编目（CIP）数据

幼儿园里的"问题小孩"经典案例解析50例/王哼主编.—福州：福建教育出版社，2022.3（2025.4重印）
ISBN 978-7-5334-9242-7

Ⅰ.①幼… Ⅱ.①王… Ⅲ.①学前儿童－教育心理学－案例　Ⅳ.①G44

中国版本图书馆CIP数据核字（2022）第000486号

You'eryuan Li De "Wenti Xiaohai" Jingdian Anli Jiexi 50 Li
幼儿园里的"问题小孩"经典案例解析50例
王哼　主编

出版发行	福建教育出版社
	（福州市梦山路27号　邮编：350025　网址：www.fep.com.cn）
	编辑部电话：0591-83752790
	发行部电话：0591-83721876　87115073　010-62024258）
出 版 人	江金辉
印　　刷	福州印团网印刷有限公司
	（福州市仓山区建新镇十字亭路4号）
开　　本	710毫米×1000毫米　1/16
印　　张	13.75
字　　数	178千字
插　　页	1
版　　次	2022年3月第1版　2025年4月第4次印刷
书　　号	ISBN 978-7-5334-9242-7
定　　价	35.00元

如发现本书印装质量问题，请向本社出版科（电话：0591-83726019）调换。

日常行为

爱哭的小豆 ……3

喜欢跷二郎腿的好好 ……6

豪豪的攻击性行为 ……9

诚诚，不要打人 ……13

一个"调皮"孩子的转变 ……16

"小霸王"变形记 ……19

爱发脾气的冬冬 ……24

赶跑"愤怒小精灵" ……28

偏执的哲哲 ……32

喜欢撒谎的沐沐 ……35

没有人打她 ……38

倔强幼儿的转变 ……42

人际交往

不和小朋友交往......49

沉默不语的涵涵......53

孤独自闭的小女孩......57

小朋友们叫他"呆子"......61

难以自控的露露......65

爱打断别人讲话的宇宇......69

辰辰，笑一笑......72

他总是不守规则......76

我不咬人了......80

一个转园生的微笑......85

生活习惯

不爱吃蔬菜的桓桓......91

进餐"交响曲"......94

不做肥胖小孩......99

他又尿裤子了......103

午睡困难户......107

如厕问题的背后 110

浪费的淘淘 114

"偷拿"东西的小孩 118

让幼儿做事不磨蹭 121

学习表现

不善言辞的默默 129

"什么都不会"的鸣鸣 134

他总是表现得"一般般" 139

森森可以了 144

我不喜欢书写 148

我不想当值日生 153

自主入园并不难 157

不喜欢上体育课 161

对科学课不感兴趣 165

让小班幼儿快乐游戏 170

心理疏导

戴眼镜的小男孩 177

楠楠的"口吃"……181

恐惧上幼儿园的戈戈……186

被"赶"到幼儿园的豪豪……190

有了妹妹以后……194

解读"熊老大"……198

幼儿的从众行为……202

温暖守护"玻璃心"……206

给叛逆小孩温暖的抱抱……210

日常行为

爱哭的小豆

案例描述

小豆是班级里身材最瘦小的幼儿,她一旦被人欺负了,就会大哭起来,跑去向老师告状。她陈述的都是别人如何欺负她,对事情的缘由却只字不提。每次告状之后,她的情绪就会平复下来,又开始像没事人儿一样,恢复了笑容,跟在小伙伴后面嬉戏打闹。

小豆总觉得通过哭可以解决所有问题,哭了别人就会让着她。久而久之,小豆的情绪问题愈演愈烈。各种或大或小的问题,比如饭菜不爱吃、游戏不想玩等不合意的事,绘画、写数、户外运动以及同伴交往中遇到难以克服的困难,都会令她仰面大哭。听到她频繁的哭声,小朋友们也频频告状。对此,教师是心疼、无奈亦烦躁。

经过与家长沟通得知,小豆在家也时常因为一些事情而哭闹不止,每次持续时间都很长,家人对此也无计可施。

案例分析

小豆这样的行为,与家庭教育有着密切的关系。她妈妈说:"小豆在家里主要由奶奶照顾,奶奶很宠爱她,什么事情都帮她做好,什么事情都是顺着她。她的饮食习惯很不好,爱挑食,不好好吃饭。"

有一次,奶奶不在家,小豆和往常一样,吃饭时边玩边吃,爸爸妈妈生气得把她关在门外,以此惩罚她不好好吃饭的行为。小豆被关在门外半小时,便哭了半小时。妈妈说:"奶奶在家的时候,我们教育孩子,她都要挡过来。只有奶奶不在家时,我们才能好好教育孩子。"

对孩子的教育,一家人要一条心,教育方式不一致,幼儿会无所适从,难辨是非。长辈不可溺爱幼儿,事事包办,事事顺从。爸爸妈妈应该多花时间陪伴幼儿,给幼儿多一些温暖,不要一直忙于工作,而忽略了幼儿的内心感受。

应对方法

1. 锻炼勇气,培养倾听能力

小豆性格乐观开朗、活泼俏皮。自主游戏时,总能看到她四处走动嬉戏的身影。她的笑容很迷人,吸引着不少小伙伴和她一起玩耍。他们一起玩拼图、积木,只听见她稚嫩的声音一直萦绕在大家耳畔。

小豆喜欢在老师的左右当忠实粉丝和观众,看到老师在哪个区域,她就跟着老师在那个区域玩。这样老师和她的交流机会就会变多,老师便抓住这样的机会多与小豆沟通交流,并引导她学会坚强。

比如老师会用轻松、愉悦的语气和她说:"小豆,今天老师上课讲的是什么呀?你跟我讲讲呗!"

她边摆弄着积木,边回答:"前面的我听了,后面的我没有听。"

"那你为什么没有听呢?"

她羞涩地笑道:"因为喆喆在和我说话。"

老师趁机一边装作摆弄手中的积木,一边问:"我看你俩聊得可开心了,都聊了些什么呢?跟我分享一下呗!"

她调皮地说:"不告诉你。"

老师继续追问时，她便说："我忘记了。"

通过这样的交流可以让小豆放松以及增强胆量，如果小豆不排斥这样的对话，话题可以继续深入。比如："自主游戏的时候要好好玩儿，上课的时候是不是该好好学本领呢？"这时也可以邀请其他幼儿参与话题，让其他幼儿发表一下意见，大部分幼儿会说"上课要认真听讲，才能学到更多的本领"，以此来纠正小豆上课讲话的行为。这种多人讨论的形式，不仅可以锻炼小豆的勇气，也可以培养她的倾听能力，久而久之，会减少小豆遇事就哭的行为。

2. 开拓思维，提高解决问题的能力

小朋友们与小豆在一起玩耍、交谈得多了，相互之间自然而然就亲近了些，小豆的朋友也越来越多。她一旦遇到事情就会跑去告诉老师或她的小伙伴，说一些悄悄话。教师会用语言引导她，让她把一件事情的经过说清楚，然后和她一起想办法处理，询问她觉得哪种处理方式比较好，尊重她的想法。如果她所说的做法可行，则鼓励她自己去尝试解决。教师会在远处观察她是如何做的，仔细倾听她和小伙伴之间的对话。之后，开始慢慢放手，让她自己想办法解决问题，遇到处理不了的事情，再来和老师商量对策。

长此以往，小豆就很少跑去找老师打小报告了，哭的情况也少了。当她忍不住想哭的时候，班上一些心思细腻的小女生，会过去给她一个拥抱，轻拍后背安抚她激动的情绪。现在，小豆变得越来越活泼开朗，每天见她都是一副灿烂的笑容挂在脸上。

教师富有爱心、耐心、细心、责任心，是走近幼儿、读懂幼儿的基本条件。教师要成为他们的玩伴和倾听者，学会和家长沟通，建立良好的家园联系，共同促进幼儿的健康成长。

江苏省南通市如皋市石庄镇石庄幼儿园　陈安琪

喜欢跷二郎腿的妤妤

案例描述

妤妤是在中班上学期新转来的幼儿,之前在别的幼儿园上过一学年小班。她的适应能力很强,且是一个非常阳光和爱模仿的小女孩。上课时,总能听见她响亮地回答问题;请她上台表演,她也很积极配合。但是,在课堂上也常常会听见妤妤的位子那儿发出"嘭"的一声巨响。这个时候,大家都知道肯定又是妤妤的椅子在"喊救命"了。

"老师,妤妤又摔倒了!"随之而来的就是小朋友的告状声。

妤妤尴尬地站起来,拍拍身上的灰说:"我又没事!"这样的情况在妤妤身上一天会发生很多次。

妤妤上课时虽然能积极回答问题,但她的听课习惯不太好。别人在说话时,她就喜欢跷着二郎腿一直抖,导致她经常会不小心从椅子上摔下来。

案例分析

通过与妤妤父母的交流,了解到妤妤在前一个幼儿园上小班的时候就有这个习惯了，他们一开始也不知好好为什么会跷二郎腿。后来，在幼儿园组织的一次半日活动中，好好妈妈发现班里的老师上课时喜欢跷二郎腿，这对爱模仿的好好造成了不良的影响。但当时好好的父母对此没有引起重视，当他们认识到跷二郎腿的危害时，好好早已经养成了这个坏习惯。现在，他们对好好这个习惯也表示非常头疼。

陶行知先生说过："一举一动、一言一行，都要修养到不愧为人师表的地步。"我们是幼儿教师，我们的身后有无数个幼儿的目光，我们的一举一动会成为幼儿模仿的对象，一言一行都是幼儿们学习的榜样。教师在幼儿面前跷着二郎腿，不但容易失去亲和力，让教师和幼儿之间有了距离，也会给幼儿不良的示范。幼儿不会对我们的行为做出判断，更多时候是模仿，教师应该严格要求自己的行为。

应对方法

1. 随机教育，让幼儿发现自身的问题

上课时，再发现好好跷起二郎腿，可以和小朋友们进行一次谈话。比如"小朋友，你们说怎样才能让人喜欢你呢？"这样的话题一下子就会激发幼儿发表看法的兴趣，有的说"长得漂亮的"、有的说"有笑容的"、有的说"听老师话的"、有的说"爱学习的"……

这个时候教师可以趁机这样引导："如果老师上课时对你们没有笑容，而且抱着胳膊、跷着二郎腿，你们觉得怎么样？"

幼儿们会七嘴八舌地说"不漂亮""不好看""那样会害怕老师的"……

"以后不论小朋友还是老师，我们都不要跷二郎腿，我们来个比赛好吗？"这样就顺其自然地和幼儿们一起制订了一个"约定"。通过这样的交流，让好好发现自己的问题，从而做出改变。

2. 设计活动，让幼儿了解坏习惯的危害

可以设计一节健康活动，如"爱跷二郎腿的希希"，先准备一张弯

着背的小女孩的照片,让幼儿观察希希和其他小朋友有什么不一样的地方,然后给幼儿们讲述这个故事。活动结束后,好好会很紧张地跑过来问:"老师,我会不会像希希一样长大了也会弯着腰呢?"

教师趁机引导:"如果你现在改掉跷二郎腿的坏习惯,长大了以后会是漂亮的哦!"

好好点点头,坚定地说:"老师,我一定要改掉这个坏习惯!"

3. 家园一致,共同帮助幼儿改掉坏习惯

好好的父母也为她的坏习惯感到苦恼,平日里教师们会经常与好好的父母交流探讨,努力尝试各种教育方法,并让他们积极配合,主动参与幼儿园的各种活动,逐步建立科学的育儿观。

在与家长的联系中,切忌"告状"式的做法。首先,在向家长汇报幼儿的进步的同时,向家长提出配合教育的要求,这样家长会很乐意支持教师的工作。然后,通过协商一起制订计划,比如给好好制订一个"星星计划"。计划的实施时间为6周,教师每天都会对好好坐姿进行评价,如果坐姿良好就得一颗星,累计满5颗星就可以满足好好的一个愿望或者得一个小礼物。在计划实施了4周后,好好的坐姿已经有了很大的改变,跷二郎腿的次数减少了,教室里"嘭"的声音也少了。大家都为好好的进步感到高兴。

江苏省无锡市新安中心幼儿园　龚宇婷

豪豪的攻击性行为

案例描述

豪豪在班级里一直是被告状的对象,因为他总爱欺负小朋友,所以小朋友们都不爱和他玩。

镜头一:

上幼儿园的第一天,豪豪就非常的与众不同。别的幼儿还在因父母的离开而哭闹时,他就已经兴奋地到处玩耍,一会儿跑到积木区玩玩,一会儿左冲右撞,跑来跑去。将站在旁边的小朋友撞倒在地后,他却一副若无其事的样子,继续跑去玩积木。

镜头二:

豪豪在玩小车车时,突然被旁边小朋友的玩具吸引了。他立马放掉手里的小车车,伸手就把那个小朋友的玩具抢了过来,任凭对方发出愤怒的尖叫,他也丝毫不在意。如果自己被激怒了,还会动手打其他小朋友。

镜头三:

在小故事分享会上,豪豪指着旁边的小朋友说:"她穿的衣服不好看,很土。"其他幼儿听见了就哈哈大笑。老师及时制止了豪豪,要带他去跟小朋友道歉。但是豪豪任凭老师呼喊，他就是站在原地不动，被嘲笑的幼儿也气哭了。

案例分析

许多幼儿由于家里人的溺爱，加上以自我为中心的年龄特征，经常会做出一些攻击性的行为。要解决幼儿的攻击性行为的问题，就要认识攻击性行为的成因和掌握正确的应对方法，给幼儿一个健康的成长环境。

幼儿时期的攻击性行为包括以下几个方面：第一，肢体攻击，比如咬人、打人以及踢人等肢体动作；第二，语言方面的侵害，比如说脏话、嘲笑以及讽刺其他幼儿等；第三，侵害他人的权利，比如抢走其他人的东西、破坏其他人的物品等；第四，非直接的心理侵害，比如在背后诋毁别人，说别人坏话等。

父母是幼儿的第一任老师，家庭教育会直接影响到幼儿的健康成长。如果在幼儿时期，幼儿没有感受到家庭的爱，或者父母没有运用正确的教育方式和手段让幼儿感觉到爱，就会让幼儿在成长的过程中产生攻击倾向。

幼儿所处的环境也是重要的影响因素。在幼儿园，如果一个班级容纳过多的幼儿，或者是有几十个幼儿拥挤在一个狭小的空间里，就很容易使幼儿产生焦虑、烦躁的情绪，从而诱发幼儿的攻击性行为。加上幼儿在这一年龄段以自我为中心的特点，没有分享和交往的经验，当与同伴发生冲突时也会有攻击性行为。

从社会环境方面的因素分析，由于现代科学技术的飞速发展，人们生活的各个角落都被各种媒体所渗透。幼儿具有很强的模仿能力，他们经常观看动画片，如果动画片中有暴力情节，幼儿辨别不清现实与虚拟的差异，就会模仿动画片中的情节做出攻击性行为。

应对方法

1. 培养幼儿沟通表达能力

幼儿经常出现攻击行为，有时候是为了表现自己，让别人可以关注到他。在这种情景之下，教师要针对性地引导幼儿，培养幼儿和同伴之间的沟通能力。教师可以和幼儿进行角色扮演游戏，较为客观地评价幼儿在游戏中的表现，同时组织大家讨论游戏中的各个角色行为，从而让幼儿了解攻击性行为是不良行为。

2. 帮助幼儿建立自控能力

一是要帮助幼儿提高他们的社会认知能力，让他们具备初步的是非观，让幼儿了解攻击伤害别人是不对的。二是要幼儿遵守游戏和班级的规则，让他们学会用规则来约束自己不攻击他人，对于遵守规则的幼儿要鼓励和支持。三是要帮助幼儿正确评价自己、理解他人，引导幼儿正确认识自己，要用友好的态度和同伴交流、交往。

3. 重视家庭教育的作用

在幼儿成长过程中，家长是他们的第一任老师。在家庭教育方面，家长必须明白溺爱孩子是不正确的，应该采取合理的教育手段来引导幼儿，教会幼儿如何和其他人友好地交往。此外，家长也应该严于律己，通过自己的表率作用，积极影响幼儿的行为。如果发现幼儿具有攻击性行为，要采取适当的惩罚手段，这样才能让幼儿认识到自己的错误。良好的家庭氛围和教育方式，会减少甚至消除幼儿的攻击倾向。

家庭成员应当认真倾听幼儿的意见，尊重幼儿的一些想法，培养幼儿的自尊心，还要及时对幼儿的想法进行正确的引导与鼓励，培养幼儿的自信心。

4. 营造良好的幼儿教育环境

对于幼儿的健康成长来说，幼儿园发挥的作用是巨大的，良好的幼儿教育氛围，可以减少幼儿之间出现攻击性行为。为了方便幼儿学习以及玩耍，幼儿园应该提供更为广阔的空间，提供足够的娱乐设施及玩具，让幼儿可以自由地选择，从而减少冲突。同时，在对幼儿进行教育时，教师要发挥一定的引导作用，尽量营造出轻松愉快的氛围，避免幼儿出现攻击性行为。

对于幼儿的不良情绪，教师应对其进行积极引导，并允许幼儿进行合理宣泄。日常生活中，可以培养幼儿的倾诉意识，及时地将心中的不满向家长、老师或者同龄人进行倾诉，引导幼儿在适当的场合喊叫，来宣泄心中的不满，也可以通过丰富多样的课余活动来消除不良情绪的影响。

5. 正确利用大众传媒对幼儿的影响

大众传媒具有双面性，可以给幼儿带来快乐，也可能给幼儿造成不好的行为引导。因此，在幼儿接触传媒的过程中，家长和教师要进行有针对性的引导，有选择地为幼儿提供正向、积极的媒体内容，利用传媒的积极影响帮助幼儿塑造良好品格。

浙江省海宁市实验幼儿园教育集团实验幼儿园　梁亭亭

诚诚，不要打人

案例描述

诚诚是中班上学期转学来的小男孩，今年已上大班了。诚诚平时比较顽皮，不听老师指挥，凡事要争第一，争强好胜的个性让他经常做出一些过激的行为，如争抢、打骂等。脾气也很暴躁，经常和同伴发生冲突，有一次甚至把同伴的额头弄伤了。

据诚诚的妈妈反映，诚诚在转来该园之前，一直由爷爷奶奶照顾。诚诚妈妈平时也难以约束诚诚，加之自己又怀着二宝，更没有太多的精力去管教诚诚。有时实在气不过了，就只能拿棒子打他，但也知道这不是长久之计。

案例分析

诚诚出生后一直都是由爷爷奶奶抚养，作为隔辈人，爷爷奶奶十分宠爱孙儿。而爸爸妈妈平时对诚诚也是"要什么就给他什么"，导致诚诚没有分享的意识。加上妈妈怀二宝，对诚诚关注较少，诚诚的依恋情绪得不到满足，进而表现出一些攻击性行为。

另外，共感的缺失也易引发攻击性行为。共感指的是从他人的观点感知某种现象或体验他人感情的能力，心理学上称之为"移情"。诚诚的想象力、创造力在班上属于比较优秀的，当他看到一些能力水平不如自己的同伴时，便会产生骄傲、自满的情绪，对他人嘲笑、嫌弃，甚至还会有言语的侮辱。诚诚经常只顾自己开心而忽视他人的感受，不会换位思考、将心比心，更不会认识到自己的错误。

应对方法

1. 倾听幼儿

教师应用爱来滋润幼儿的心灵，在碰到幼儿发生"特殊事件"时，要善于倾听幼儿的心声。当遇到幼儿抢夺别人的书或玩具时，首先要给幼儿一个申辩的机会，让他说明自己为什么要这样做。只有深入了解冲突产生的真正原因，才能公正公平地解决问题。

对于诚诚，教师应该给予更多的关注，可以主动去亲近他、帮助他，同时用正确的方法进行教育。比如，评选诚诚当"小组长"，让他有集体荣誉感，知道要先约束好自己才能管好别人，如果自己不遵守规则，那么其他小朋友也不会服从安排。

2. 家园共育

教师应充分利用家长来园接送幼儿之际，与家长面谈幼儿的在园表现。或者利用家访交流、微信聊天等各种形式，提高家长对幼儿教育的重视程度。指导家长提高自己的育儿知识水平，为幼儿营造一个民主、温馨的家庭氛围。引导家长积极地去关注、了解幼儿的内心世界，洞悉幼儿情绪或行为背后的成因。建议家长每天给幼儿一小时自由支配的时间，每天记录幼儿的一个优点，把父母对他的希望与鼓励念给他听，增进亲子间的交流与沟通。

对于怀二胎之事，家长应该考虑到幼儿的感受。在因为生养二胎，没有足够的精力去关心、照顾大宝时，每周也要保证一定的时间去与大宝交流，让他知道自己不会因为小生命的诞生而受到父母的忽视，通过语言的交流，消除幼儿内心的不安或被忽视的情绪。

在家庭教育的过程中，家长要在育儿观念和行为方式上保持高度一致，即使难以保持高度一致，遇到问题时也应尽量坚持原则。

3. 习惯养成

在行为心理学中，人们把一个人的新习惯或理念的形成并得以巩固至少需要21天的现象，称为21天效应。这就是说一个人的想法或动作，如果重复21天，就会变成习惯性的想法或动作。

根据诚诚的现状，可以每月设计一份为期21天的培养计划。如：9月爱阅读、10月会学习、11月守规则、12月会下棋，等等。每当诚诚达到一个小目标，便奖励一个小贴纸，当集满10个贴纸就可以兑换一份小礼物。

在21天行动中应赏罚分明，如果幼儿出现"过激"行为，那么将取消一个奖励，这就让幼儿更加懂得"三思而后行"的道理，帮助幼儿预期其行为的后果，增强自我控制的能力。

4. 游戏疗法

儿童心理学家皮亚杰主张"以儿童教育儿童，以儿童感化儿童"。幼儿通常都喜欢做游戏，游戏能最大限度地满足他们对于快乐的体验，且游戏一般都会设定规则，幼儿须遵守规则，游戏是对幼儿自控能力的一种锻炼。

可以让幼儿通过玩串珠子、系鞋带、下飞行棋，以及玩木头人、老狼老狼几点了、捕小鱼等游戏，训练幼儿学会遵守规则、维持秩序、学会轮流等待、同伴合作，从而培养幼儿的社会交往能力，更好地减少幼儿攻击性行为的发生。

安徽省合肥幼教集团新店花园幼儿园　秦晓

一个"调皮"孩子的转变

案例描述

辰辰是这学期新转来的小朋友,他有一双大大的眼睛,一身黝黑的健康肤色,老师和小朋友们都说他长得像个小小运动员,都很喜欢他。但他后续的表现却令人有些头痛。

早上进班级时,辰辰会以冲刺的速度闯进活动室,见到门关着,他会"咚咚咚"地边踢门边喊"开门,开门!";自由活动时,他会带着同伴在教室或操场窜来窜去,追逐打闹;玩积木时,他会把所有的积木都扔在地上。小朋友正聚精会神地听讲,他却和周围的小朋友头碰头聊得热火朝天,手舞足蹈;绘画活动开始了,辰辰会趁老师不注意,拿着记号笔在画纸上、桌布上乱涂乱画,当老师发现他捣乱走近他时,他就对老师笑嘻嘻的,老师也很无奈;上课提问时,老师让辰辰回答问题,他却结结巴巴说不清楚,有时直接说"我不会"。

案例分析

活泼好动、好奇好问、喜欢交往、模仿性强、容易冲动是幼儿性格的年龄特点。幼儿的好动有其生理原因，他们的肌肉收缩力差，长时间保持同一种姿势会使肌肉群负担过重；大脑的成熟度不够，兴奋过程的活动胜于抑制过程，不能长时间使某些部分神经元处于抑制状态。随着幼儿年龄的增长和教育的影响，幼儿中期开始，他们已能初步按成人的要求做事；到5—6岁时，基本能初步控制自己的行为，有目的地进行活动。

由于受遗传、环境的影响，幼儿先天就存在着个体的差异，气质、性格、能力等都有着或多或少的不同。教师应了解这些差异，并据此因材施教，促进幼儿个性化地发展。

辰辰比较好动，规则意识差，但他的好奇心比较强，对活动室里的玩具都很感兴趣，对于自己没有见过的一些东西，他想弄个明白，会把玩具拆开甚至弄坏。辰辰画画时乱涂的表现，除了不守规则，也因绘画能力差，教师后期可以有针对性地对其绘画技能进行指导。

一向调皮的辰辰，在回答问题时，与平时的表现反差比较大，也不愿意讲述自己的想法，这是两方面的原因：一是他探究问题的积极性和自控能力较差，没有把注意力集中在听老师说话上，自然就回答不出老师的问题；二是缺乏自信与交往技巧，不能用正确的方式表达自己内心的想法。这就需要教师的正确引导，把辰辰的注意力和兴趣点调动起来，教会他与人交往的方法。

应对方法

1. 同幼儿一起制定规则

区域自主活动时，可以和他一起制定相应的游戏规则，比如玩玩具时要安静，与小朋友交流时尽量小声说话等。提醒他自己制定的规则要遵守，不能随便破坏游戏规则。每次活动结束后，教师还要请他来"小结"，说一说自己今天遵守了几项规则，哪项规则做的最好，哪项没做到需要改进，并给予适宜的表扬和恰当的鼓励。还可以请几个规则意识强的幼儿和他一起游戏，利用"榜样"的作用来督促他、影响他，逐步引导辰辰实现自我管理。

2. 通过绘画培养专注力

针对辰辰绘画能力的提升，可以让绘画能力较强的幼儿坐在他的身边，以强带弱。通过绘画，也可以培养辰辰的专注力。幼儿画画是一种本能需求，一定要得到充足的释放和保护。我们经常会看到，平常很难把注意力集中在一件事上的幼儿，一旦画起画来就格外专注。教师要有意识地安排这样相对安静的文体活动，让辰辰在绘画中弥补气质中的不足之处。同时，通过名画欣赏、户外写生等方式引导辰辰感受大自然的美，用画笔表达自己的内心感受。当然，也可以和辰辰商量绘画主题，选择有利于培养幼儿规则能力的绘画内容，借绘画内容影响他。

3. 做幼儿的支持者、合作者和引导者

以关怀、接纳、尊重的态度和辰辰交往，不因他的"添乱"轻视他。教师要耐心倾听，努力理解辰辰的想法与感受，支持、鼓励他的大胆探索与表达；关注辰辰在活动中的表现与反应，敏感地觉察他的需要，及时以适当的方式应答，形成合作探究式的师生互动。

4. 做好家长思想工作

教师要指导家长合理安排幼儿的生活，注意生活规律。即使是在双休日或节假日，也要让幼儿按时休息，培养有规律的生活习惯。在家鼓励幼儿做事要专心，做完一件事再去做另一件事；而且要有始有终，持之以恒。幼儿的问题行为不是一两天形成的，自然也不会在短时间内马上改正，要做好"打持久战"的心理准备。教师要耐心等待，积极引导，对幼儿的点滴进步加以巩固，不断强化。

山东省淄博市高青县第二实验幼儿园　王俊霞

"小霸王"变形记

案例描述

小元，4周岁，刚进入小班。活泼好动，个子高，力气大，易生气。家庭条件优越，父母忙，跟随爷爷奶奶生活，比较受宠。在与同伴相处时，总会出现"打""推""挤"等行为，就像一个"小霸王"，给同伴和家长带来了很大的困扰。

通过与家长的沟通、了解，我们对小元的一些攻击性行为发生的情景进行了观察与记录，记录结果如下表。

起因	行为	结果
与家人逛超市，看中了某款玩具，家人不同意购买	动手打了奶奶	家人无奈，最终给其买了玩具
洗手时，有较多幼儿挤在一起	用力将正在洗手的幼儿强行挤开	被挤开的幼儿找老师告状
集体游戏时，想找的朋友已与其他人手拉手	硬拉着对方的手不放，对方哭了	老师出面调解
区域时间，想玩其他幼儿正在搭建的积木	他二话不说，走上前推倒了他人正在搭建的积木作品，拿了想要的积木就走	积木被抢走的幼儿哇哇大哭

案例分析

通过以上对小元发生攻击性行为的起因、行为、结果的观察与记录，我们发现小元的攻击性行为常出现在下列情景中：愿望得不到满足时；无所事事，不被人关注时；不想做某件事情时；想要立即满足自己的某种需求时。

刚进入小班的小元为什么会频繁地出现攻击性行为？通过持续地对小元进行观察、了解，深度剖析他攻击性行为的背后，有以下几个原因：

1. 年龄特点

刚入园的小元块头虽大，但实际年龄小，语言表达还不完善。有时自己的想法被别人否定之后，就不知道该怎么回应，情急之下就会采取攻击性行为。

2. 模仿学习

"模仿"是诱发幼儿攻击性行为的一个重要因素。小元喜欢看动画片，在家的时候常一边看电视一边模仿动画片里的打斗动作，不由自主地因为模仿而诱发攻击性行为。

3. 家人妥协

有次小元想要一个玩具，家人不同意购买，于是小元挥起拳头打了奶奶，最终家人只好为其购买了玩具。小元的家人在此次冲突中选择了妥协，让小元尝到了"甜头"。这样的情形让他认识到这种行为是有效的，家人的这种妥协退让无疑助长了小元的攻击性行为。

应对方法

深度剖析过后，了解到小元的攻击性行为产生原因是多方面的。

作为一名一线教育工作者，针对小元出现的攻击性行为，教师尝试使用"三大法宝"来一场"小霸王变形记"。

1. 脸谱辨认法——增强幼儿的情绪感知能力

我们都知道，脸部表情是肢体语言中最显著的部分。即使是小班的幼儿，也能对微笑和哭泣这样的脸谱图有正确的认知与判断。

（1）脸谱奖励，给予温暖与鼓励

幼儿需要大量的有效表扬，通过脸谱奖励的方式，可以充分肯定小元为控制冲动而付出的努力，让他感受到老师的温暖与鼓励。

（2）脸谱辨认与模仿，产生共情

幼儿从婴儿时期开始就能用面部表情来表达自己的情绪。教师可以在班级墙显眼的位置设置一个"脸谱站"，上面有微笑、哭泣、生气、大笑等脸谱。餐前、离园前，幼儿可以玩一玩"脸谱辨认"或"脸谱模仿"游戏。游戏时，鼓励小元参与其中，进行情绪的识别，以及体验不同的情绪。

（3）脸谱效应，抑制攻击性行为

脸谱效应，可以引导幼儿加深对被攻击幼儿心理状态的理解。通过脸谱效应，告诉幼儿被伤害者的感受，让其与那些受到伤害而不高兴幼儿产生共情，从而有效地抑制其攻击性行为。例如，在小元与同伴发生争吵、争执后，可以带着小元来到脸谱图前，指认自己目前的表情像是哪个脸谱，同伴的表情又像是哪个脸谱。对他真实发生的攻击性行为进行现场分析，结合脸谱图的辨认，进行引导教育，有效抑制攻击性行为。

2. 情景描绘法——增强幼儿采择他人观点的能力

（1）情景再现，抑制攻击性行为

我们设置某种被攻击的情景（视频、照片方式呈现），请幼儿分析、讨论该情景，体会被攻击者被伤害时的心情。每当小元体会到："他好可怜，他肯定很痛吧！"便会在思想上逐渐明确"攻击性行为会给别人造成伤害",以此来抑制自己的攻击性行为。

(2) 情景分析,增强采择观点能力

有些动画片中会出现一些有暴力行为的镜头,这对攻击性行为的形成也有一定影响。可以有选择性地摘取某些片段,请幼儿一起观看、分析,有时还可联系班级实际情况,用故事的形式将班级里发生的攻击事件讲给幼儿听,请幼儿来分析,让幼儿设身处地理解攻击性行为的危害。

3. 角色扮演法——增加幼儿的情感反应能力

幼儿是天生的游戏玩家,而角色扮演更是幼儿最为喜爱的游戏之一。让幼儿在游戏中扮演不同角色,通过角色扮演教会幼儿逐步学会同伴间相处的社交技能,提升他们的情感反应能力。

(1) 角色扮演,发展幼儿理解力

角色扮演能使幼儿亲身体验他人的角色,从而可以更好地理解他人的处境。小元在角色游戏中,扮演了爸爸、厨师、医生,体验着在各种不同情境下的内心情感。

(2) 角色扮演,改善人际关系

角色扮演,是锻炼幼儿人际交往的一种好方式。幼儿在一起扮演不同的社会角色,通过语言沟通来解决问题,并表现出适宜的交友行为。

(3) 角色扮演,强化温暖行为

幼儿喜欢模仿和表演,在各种情节中,让有攻击性行为的幼儿来扮演角色。例如助人为乐的角色,强化其助人的行为;例如娃娃家的角色,强化其温暖照顾的行为等。小元也十分乐于参与游戏,扮演各类角色。经过多次的角色扮演,他渐渐学会用适当行为代替攻击性行为。

幼儿的攻击性行为,其实是幼儿向周围寻求帮助的信号,也是幼儿的一种语言。经过近一学期的努力,我们惊喜于"小霸王"的"变形",他已经基本能控制住自己的冲动行为,偶尔看到他一个人握着拳头，做着深呼吸，我们为他的自我调节点赞。虽然小元的攻击性行为不是一下子就能够改变的，过程中存在着很多难点，但在平时的教育教学活动中，多给幼儿一份耐心，给幼儿充分表达自己的机会，终会迎来"变形"成功的一天。

浙江省海盐县秦山中心幼儿园　顾丹红

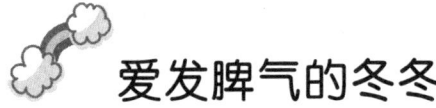 **爱发脾气的冬冬**

案例描述

镜头一：

中班晨间桌面游戏时，冬冬一个人玩着插桩拼图板。教师观察了一会儿，欣慰地想：急性子的冬冬今天挺有耐心！然而当教师在阳台准备晨间游戏小器械时，突然听见教室里"砰"的一声，伴随着"我不玩了，破玩具、破玩具！"的怒吼。教师冲进教室，只见冬冬将插桩拼图倒扣在桌面上，并使劲用手拍打着拼图板，刚才插进去的桩子一个个洒得满地都是……

镜头二：

操场户外活动时，教师正讲解着游戏规则，冬冬一个人挤到材料区，急不可待地先玩了起来。其他幼儿见了纷纷告状，冬冬一听恼了，把材料狠狠一扔，嘴里还不停"哼哼哼"地发泄着不满……

案例分析

具有良好的情绪表现是学前儿童心理健康的重要标志，并与认知能力密切相关。对于幼儿来说，情绪的安定与愉快是维持身心健康、促使其产生社会适应行为并逐渐形成良好个性的重要条件。

《幼儿园教育指导纲要（试行）》（以下简称《纲要》）对健康教育目标要求"在集体生活中情绪安定、愉快"，同时还要求"幼儿园各领域的教育都要促进幼儿的情绪情感的发展"。《3—6岁儿童学习与发展指南》（以下简称《指南》）在健康领域中也指出，为有效促进幼儿身心健康发展，应创设温馨的人际环境，让幼儿充分感受到亲情和关爱，形成积极稳定的情绪情感。

情绪、情感是人对客观事物是否符合自己的需要而产生的主观态度体验。情绪与人的身心健康有着密切的关系，它们之间相互影响、相互制约，教师与家长要注意发现幼儿的情绪问题，帮助幼儿试着表达和调节情绪，尽量保持健康愉悦的心理状态。

性格与幼儿天生的气质类型有关，有的幼儿生来就比较活泼好动，有的幼儿则安静沉稳。气质类型并没有好坏之分，关键是要看后天成长中如何加以正确引导。向冬冬的父母了解情况后，我们知道冬冬从小性子就比较急，平时在家也是稍不顺心就发脾气，而爸爸妈妈要么采取依从的态度，要么就是直接"出手"，暴力镇压。其实这些做法都治标不治本，反而还会加剧幼儿的坏脾气。另一方面，幼儿的情绪也和当时所处的情景有关系，成人应该分析幼儿情绪表现背后的真实原因，帮助他们找到不良情绪的根源，学着用正确的方式调节情绪。

应对方法

1. 冷静克制，榜样示范

冬冬发脾气时，教师先让自己镇静下来，同时给冬冬一个调整情绪的时间，教师的自我冷静也会潜移默化地帮助冬冬学会冷静应对问题。教师能够控制自己不乱发脾气，这对幼儿是很好的榜样教育，把这种冷静技巧教给幼儿，让他学做情绪的主人。

观察和模仿是幼儿获得情绪表达规则的重要途径，而且情绪表达规则是一种非言语性规则，"以身作则"有助于幼儿产生行为上的迁移，因而成人要为幼儿树立情绪管理的榜样。教师和家长在面对一些突发问题时，如果表现得惊慌失措、焦虑紧张或者大发脾气会在潜移默化中感染幼儿，增加幼儿的消极情绪；反之，成人经常用积极乐观的心态面对问题，幼儿也会学着用积极的情绪处理问题。

2. 找明原因，对症下药

冬冬生气地砸了积木是因为他屡次不能成功，教师可以和冬冬一起合作玩插桩拼图，适时巧妙地解决难点，帮助冬冬获得成功的体验，让冬冬感到愉快和自信。同时，教师要反思提供的游戏材料的操作难度是否高于幼儿现有的水平。可以采用调整拼图难度的方法，如事先在底板上固定几个关键位置等，有了这样的隐藏性支架，冬冬搭起来就比较容易成功。

3. 分享情绪，缓解心情

教师要多用轻柔和理解的语气同幼儿交流，分享幼儿的情绪。教师可以让冬冬把自己不高兴的事情说出来，实在想发脾气的时候，先和老师交流，跟老师去室外运动，通过运动，有效地调整心情。

4. 因材施教，应势引导

冬冬性子急躁，精力旺盛，教师可以针对性地引导冬冬参加安静游戏和持久力游戏。根据冬冬的情绪状态，发现并合理利用好日常生活与游戏中容易引发矛盾、冲突和情绪失控的事件，或提前干预避免，或增加耐受强化，有步骤地培养他的自控能力和坚持性。

5. 环境适宜，愉悦身心

单调、凌乱的环境容易让幼儿产生厌恶感，进而更容易产生消极情绪；而优美整洁、丰富多样且具有探索性的环境可以让幼儿时刻保持好奇心和探究心，进而产生积极愉快的情绪。同时，创设温馨、平等的心理环境也同样重要，教师与家长应对幼儿充满关爱和信任，以欣赏的态度对待幼儿，让幼儿感受到尊重、接纳和平等。幼儿做错事时要冷静处理，不厉声斥责，更不能打骂，以促进幼儿积极情绪和亲社会行为的发展。

6. 游戏体验，促进发展

幼儿期的基本活动是游戏，游戏对幼儿的情感发展起着重要的作用。幼儿可以在游戏中满足主动感，不受压抑地表达自己的愿望与情感，从而获得愉悦和自信。例如游戏"猜猜我怎么了"，一名幼儿用表情和动作表达情绪，其他幼儿猜测。游戏过程为幼儿提供了积累不同情绪体验的机会，教师可以通过多种多样的游戏形式帮助幼儿识别情绪、体验情绪，进而学会运用情绪表达规则。

随着幼儿学会采取别人的观点，感受别人情绪的移情能力逐渐成熟，引起幼儿情绪反应的刺激性质也会发生变化，幼儿就能更好地控制和表达自己的兴趣与行为。因此，鼓励幼儿多与同伴交往，在游戏中通过交往获得同伴的反馈，进而学着调节自己的言行和情绪。

江苏省无锡市华庄中心幼儿园　孟志敏

赶跑"愤怒小精灵"

案例描述

涔涔，平时较为安静，话少，有些害羞，很少在同伴前表达自己。活动时，从不主动举手发言，被请到发言时，也说得小声，脸涨得通红。通常情况下涔涔都是文文静静的，但谁若是惹了他，就容易发生矛盾。

一天早晨入园接待后，教师回到班级，不一会儿有很多小朋友吵吵闹闹大声说："涔涔打飞飞了，涔涔打飞飞了。"

教师快速走到涔涔身边，只见涔涔和飞飞站在那里，一动不动。涔涔看着教师，飞飞则一手捂着脸伤心地哭着。

教师把飞飞的手从脸上移开，只见飞飞的脸已经红肿了，于是赶快对飞飞的脸进行冰敷。之后，教师问涔涔："你为什么要打飞飞？"

涔涔指了指自己的脚："他踩我。"

"有问题可以想办法解决，但是不能动手打人哦。"

涔涔大声说："是他先惹我的。"

案例分析

《指南》指出，愉快的情绪是幼儿身心健康的重要标志。情绪有积极与消极之分，积极的情绪不仅能促进幼儿适应幼儿园生活、与同伴交往，更有助于幼儿心理的健康发展，为积极适应未来的生活提供准备；消极的情绪则会降低幼儿活动的能力和积极性，不合理的引导与处理，将可能引发幼儿的攻击性行为、破坏性行为以及厌恶和逃避幼儿园生活等。

在幼儿园一日生活中，幼儿之间时常会出现一些矛盾，从而引发一些较为激烈的情绪问题，如愤怒等。教师应开展情绪健康与社会交往课程，对幼儿的心理健康尤其是幼儿情绪方面的表达与调控加以关注。

应对方法

1. 正向引导

《指南》有要求，要让幼儿保持安定愉快的情绪，当处于消极的情绪状态时，也要尽可能较快地缓解。因此，当矛盾发生时，教师要主动去询问情况，然后开展主题活动对幼儿加以引导。

比如，一次活动课上，罗老师想到上次的冲突，想借此次活动开展"赶走愤怒"的主题活动。小朋友们都在积极分享让自己愤怒的事情，涔涔却一直安静地坐在椅子上，低着头抠指甲，罗老师一边仔细倾听小朋友的分享，一边观察涔涔的变化。分享之后是小朋友最喜欢的表演情绪的环节，涔涔仍然坐在那里一动不动，看上去不开心。教师问他怎么了，为什么不开心。涔涔没有回答就走开了。

本来活动开展得较为顺利，但是涔涔的表现让罗老师有些受挫，于是罗老师走过去轻轻说："涔涔，你有什么不开心的可以告诉老师哦。"

浔浔说:"我没有做错,是飞飞先抢我的玩具。"

"飞飞破坏你搭建的东西,你是不是很愤怒?"

浔浔点点头。

"当别人破坏自己的作品时,你会很愤怒。但是你看,你踢了飞飞的脸,他的脸都红肿了。你觉得踢飞飞能让你心里好受一点吗?"

浔浔点点头。

"但是打人会伤害到小朋友,对不对?"

浔浔愣了一下。

"很多事情都是可以以和平的方式解决的,是不是?"罗老师继续引导。

浔浔点点头。

"当愤怒的时候,我们可以先让自己冷静下来。因为愤怒的时候可能找不到好的解决问题的办法,打人是会使自己心里舒服些,但是也会让小朋友受伤的,所以可以先冷静下来,赶走愤怒。"

这种引导和强化,可以帮助浔浔在愤怒的时候,学会使用让自己冷静下来的办法调节愤怒的情绪。当幼儿生气时,也可以让其他幼儿一起坐下来集思广益,让大家帮他想出可以化解愤怒的办法,在轻松的氛围中,你一言我一语,说说笑笑、玩玩闹闹,负面情绪自然而然就消除了。

2. 关爱内向幼儿

浔浔性格内向,平时比较安静,话少,很少与小朋友发生矛盾。有小朋友抢了他的玩具,他也总是先忍让,愤怒极了才爆发矛盾。在与浔浔妈妈沟通中了解到,浔浔经常回家告诉妈妈自己被抢玩具和被打,每次妈妈只是关心是否受伤,简单安慰一下浔浔,并且叫他不要去打人。但对于事情本身,却没有足够重视,也不知道该怎么引导,更没有注意到浔浔心理情绪上的变化。教师应请浔浔妈妈在家引导浔浔学会消除愤怒情绪,比如分享情绪绘本故事,让浔浔了解遇到愤怒情绪时可以做的一些有用的办法。

除此之外，教师及家长要多关注内向幼儿的心理健康。首先，家长应该戒急戒躁，不能当面打骂、责备幼儿。当幼儿犯错的时候，尽量用温和的语气与他沟通，最好能用讲故事的方式让幼儿知道自己犯了错。其次，可以邀请一些同龄小孩一起参与游戏活动，家长在一旁引导或回避，让他们有一个自由的、无拘束的语言空间，增强幼儿交往能力，体会与同伴游戏的快乐。

重庆市渝中区桂花园幼儿园　罗雯

 偏执的哲哲

案例描述

哲哲是本月刚刚转园过来的小男孩,长得白白胖胖、帅气喜人。经过和他妈妈的沟通交流,我们了解到,哲哲在以前的幼儿园与同伴相处得不是很融洽,比较任性、固执,自控能力比较差、故意犯错。

通过一段时间的观察,我们发现哲哲其实是一个"热心肠"的小男孩。平时间隙活动的时候,他会问老师:"我可以帮助你做些什么吗?"如果给他安排一项"工作",如帮助小朋友挂毛巾、整理水杯、清理一下桌面卫生、整理板凳等,他都能愉快地接受,但却总是潦草地完成,然后就跑到老师的面前"邀功"。如果这项"工作"没有安排给他,他就会表现得比较固执,甚至情绪激动地做出不良行为。

哲哲的爸爸妈妈对于他的这些不良习惯,也是束手无策,希望换一个环境能够对哲哲的不良行为有所改善。

案例分析

在幼儿园的日常生活中,我们经常会看到有一类小朋友,他们很难与同伴进行友好交流、和睦相处;常常关注别人的不足之处,往往

对别人的成就和成果产生嫉妒，经常会给小朋友告状，有时候自己犯了错误却选择逃避、撒谎或者推给别人，而不承担责任；抑或是做一件事情不达目的不罢休，但却从来不听从别人的意见。行为表现得特别固执，常被人们称为"钻牛角尖"的人。行为偏执的幼儿在与人交往的过程中很难被接受，他自己也会深陷个人的情绪中无法自拔。如果幼儿的这种行为得不到良好的矫正，将会对其一生产生消极的影响。

哲哲出现这些不良行为的很大一部分原因，是与家长的教育观念分不开的。哲哲是家里最小的孩子，常常"恃宠而骄"。随着年龄的增长，当出现一些问题行为时，爸爸不能坐下来和幼儿好好地沟通事情的原委，而是以简单粗暴的打骂解决问题；妈妈却是相反的态度，对于孩子的不良行为，总是因害怕孩子受伤害而过分地包庇、溺爱。这些做法潜移默化中影响着哲哲，在这样的家庭环境下，哲哲为了不受"皮肉之苦"而慢慢学会了欺骗隐瞒、推卸责任等行为。

学前儿童年龄特点决定了其思维方式是以自我为中心的，情绪反映强烈，自控能力差，还不会理性思考，从而出现一些偏执的行为。哲哲总是固执地认为自己做的事情都是对的，如果有一点不满就容易做出一些偏执的行为，如攻击别人、发脾气、破坏东西等，而不会去考虑自己所做的行为对别人造成的伤害。

应对方法

1. 转变意识，自我提升

教师和家长要帮助幼儿自身改变意识，通过谈话、情景再现等方式引起幼儿的共鸣，让幼儿知道自己的偏执行为会给他人和自己带来伤害。像哲哲这种情况，应该让哲哲了解家人、老师、同伴对他的期望和态度，感受大家带给他的关爱，并能够敞开心扉接受大家的建议，改变自己。

2. 家长配合，亲密陪伴

家长要能够觉察到幼儿的情绪，并正视幼儿的情绪合理发泄。当幼儿出现偏执行为时，可以把他带到安静的地方去，使环境中的不良刺激尽可能减少或终止，以减轻他神经上的负荷；也可以在家给幼儿准备一个发泄球，让幼儿在情绪失控时得到合理的发泄；还可以陪伴幼儿一起阅读关于人际交往、性格培养、行为习惯等方面的书籍，帮助和提高幼儿的责任意识。家长可以把幼儿情绪化的瞬间当作增进亲子之间亲密度的好机会，倾听幼儿的心声，帮助幼儿表达情绪，指导幼儿解决问题。等幼儿平静之后，再和他讲道理，纠正他的不当行为，让幼儿明白自己的行为是不对的，学会怎样控制自己的情绪和行为。

3. 智慧经营，集体和谐

对于哲哲出现偏执行为的表现，我们不要漠视、忽略或轻视，更不能用应激的方式处理。我们要从内心接纳幼儿的种种表现。可以用面对面交谈的方式，和幼儿引出一定的交谈话题，建立师幼之间的信任感，在交流中让幼儿学会自我反思和纠错。在集体中对于哲哲的要求，要适时进行"延迟满足"。延迟满足是指一种甘愿为更有价值的长远结果而放弃即时满足的抉择取向，通过这种刺激的方法，慢慢引导哲哲能够管理自己的行为和情绪，并做到知错能改、勇于承担。

当哲哲出现偏执行为并影响他人集体活动的情况时，也可以依靠运动对他进行游戏的及时干预，如带其进行户外跑步、攀爬、坐地推球等运动练习，做到合理发泄，以此达到幼儿神经系统统合的协调一致。或者通过让哲哲做一些力所能及的事情，比如主动帮助同伴等，对哲哲进行引导，并及时表扬和鼓励哲哲的进步行为，让同伴认可他的行为并主动和他交朋友。融洽的班集体环境和温馨的氛围是帮助哲哲的重要的条件之一。

幼儿行为问题的成因是多方面的，幼儿教师要像是一个能够走进幼儿心里的魔法师，关注幼儿的健康发展，观察、探究、帮助、指引幼儿在漫漫的人生旅途中养成良好的品格。

山东省滨州市滨城区第二实验幼儿园　马蕊

喜欢撒谎的沐沐

案例描述

镜头一：

午睡时间结束，小朋友们陆陆续续醒来，沐沐睁着迷蒙的双眼看着老师，却不动手穿衣裤。老师意识到沐沐可能需要帮助，便走到沐沐床边。沐沐眨巴着眼睛对老师说："老师，我的床怎么湿了？"老师赶忙伸手去摸，但是发现并没有湿。

镜头二：

午餐时间，幼儿们都在专注地吃着午餐。忽然，老师看见沐沐将一根带了点肥肉的肉丝扔在了桌上，问沐沐为什么要扔掉肉丝。沐沐却指着身旁的玲玲说："这不是我的，是玲玲丢的。"

镜头三：

区域活动时，大家在串手链，练习精细动作。活动结束后，幼儿们把串好的手链放进区域筐内，而沐沐则将一串手链藏进了书包里，然后告诉老师她把串好的手链弄丢了。

案例分析

幼儿说谎的原因主要有三种：一是幼儿心理年龄不成熟，无法区分想象与现实，或是记忆容易颠倒、出现遗漏；二是为了推卸责任、逃避惩罚，或是为了获得奖励；三是为了达成自己的愿望，合理化自己的要求。当幼儿出现撒谎的行为时，教师不要一味批评，应该站在幼儿的角度去分析问题：

首先，我们应给予幼儿基本的尊重，不要急于拆穿幼儿的谎言，或是责备幼儿。先听听他们说谎的原因，了解幼儿谎言背后的行为动机。

其次，慎用惩罚，避免给幼儿造成严重的心理压力。有时候，教师为班级设定的规则可能会造成幼儿的心理负担。例如，教师会取消幼儿一次玩耍的资格以示对幼儿不听话的惩罚，但这可能导致幼儿在违反规则后，选择说谎来逃避惩罚。

接着，澄清事实，帮助幼儿认识说谎行为导致的不良后果。如果幼儿的谎言危及其他幼儿的正当权益，教师应帮助幼儿梳理谎言所造成的影响，告诉幼儿他所说的话让其他小朋友感到难过、伤心。因为意识到后果超出他的预期，这会让他下次试图说谎时，多一丝停顿和思考。

应对方法

1. 妙语应对，打破谎言

如果幼儿沉浸在想象的世界里而说谎，教师不要直接打破他的想象，可以顺着他的思维，为他构造出更为丰富且符合现实的美好情景。如沐沐说："老师，我的床怎么湿了？"教师可以这样回答："哦，是吗？来让老师摸一摸。原来呀，小床在和你做游戏，它看你睡觉时安安静静的，为了让你起床，让你觉得有点湿湿的感觉，其实是干的哦！不信，你摸一摸。"

2. 正面引导，说破谎言

如果幼儿是为了满足自己的愿望而说谎，教师不要急于拆穿他的谎言，而是在保证不伤幼儿自尊的情况下来证实幼儿的谎言。如沐沐把串好的手链藏进书包，和老师说她弄丢了，教师可以很关心地说："弄丢了，没关系。可是，小手链离开了自己的小主人该有多伤心啊，老师和你一起把它找回来，好吗？"老师陪她一起找，先找一些别的地方，然后再故作惊奇地在她书包里发现手链。最后，教师和她一起找出说谎背后的原因，告诉她如果很喜欢某个东西，想要带回家，可以大胆地跟老师商量，来征得老师同意，而不是选择说谎来实现愿望。

3. 家园沟通，消除谎言

如果幼儿将"夸大事实"或"无中生有"的谎言带回家，而家长又坚信无比时，教师应如何跟家长沟通呢？

(1) 换位思考，理解家长心情

站在家长的角度，理解家长为人父母，看到自己的孩子在幼儿园受到委屈肯定会内心不舒服，他们对孩子的疼爱使他们在对待孩子受委屈的事情上容易冲动。

(2) 陈述事实，不夸张、不责备

将幼儿所发生的状况、教师的处理方式，原原本本地陈述给家长听，语气平静、坚定，不夸大事实、不添油加醋，帮助家长了解事情的原委。

(3) 梳理事件，分析个中利弊

明确事情缘由后，将事件的利与弊分析给家长听，让家长理解教师选择这种处理方式的原因。

(4) 互倾互诉，寻求更好的家园合作

教师和家长应该在相互理解的基础上，协商出合作方式。例如幼儿在幼儿园发生什么事情，教师应第一时间跟家长沟通情况；而家长听说孩子在幼儿园受委屈后，也应该在了解事情的全部经过后再做判断。

广东省深圳市福田区福田小学附属幼儿园　轩晶

 没有人打她

案例描述

和往常一样,结束了一天的幼儿园生活,中(1)班的宝贝们欢呼雀跃地排队等待着家长来接。李老师刚把一个个"小神兽"送到家长手里,突然接到这样一条信息:"老师,梓梓的脸上有被打的痕迹,麻烦多多关注一下。"这是放学后梓梓爸爸发过来的一条消息。

作为与幼儿朝夕相处的班主任老师,对于幼儿受伤是非常敏感的。"怎么会呢?"李老师仔细回想一天的工作。同时询问配班老师,确定了没有出现梓梓和别人打闹的现象,也没有发生其他幼儿与梓梓冲突的情况。"难道是接送幼儿放学的时候疏忽了?"想到这里,李老师急忙联系梓梓的爸爸。经询问发现,梓梓也并没有说清楚是哪个小朋友打她的。李老师耐心地和梓梓爸爸做好沟通后,决定第二天天上学落实清楚,解决问题。

第二天一早,看到梓梓高兴地上幼儿园,李老师顺势看了一下梓梓的脸,发现没有被打的印迹。不由得和她聊了几句,发现她有些紧张,但又说不出昨天发生了什么。

李老师没再继续追问,而是让她先进了教室。

结束集体教学后，梓梓歪着脑袋向李老师走来，但什么也没说。

李老师蹲下来与梓梓简单交流了当天的活动，顺势了解前一天的事情。

"梓梓，昨天发生了什么事还记得吗？"

梓梓摇摇头。

"是不是有小朋友打你了？"

梓梓点点头，然后又摇摇头。

李老师顺势抱了抱梓梓，梓梓在李老师怀里笑了几声，然后高兴地回到座位。

为了了解事情的经过，李老师在幼儿们喝水的时间，找来梓梓周围坐着的几个小朋友，问他们是否看见谁打了梓梓，有没有和梓梓闹矛盾。

幼儿们都说没有，只有洋洋说："老师，我看见了，梓梓自己用衣服打的。"

初步了解了情况，李老师开始对梓梓进行观察。

随后的一些天，凡是梓梓自己不小心摔倒、碰到的小擦伤，家长问她怎么弄的，梓梓均回答被打的。家长多次反映类似情况，李老师决定与家长好好沟通梓梓的事情。

案例分析

根据中班幼儿的年龄特点与身心发展规律，步入中班的幼儿相比小班的幼儿，语言表达能力和问题处理能力都更强。但是幼儿的"小心思"也越来越多，有时候可能会因为要达成某些小目的而"说谎"，而他们往往意识不到自己的小谎言会被成人看穿。

心理学研究表明：在幼儿时期，幼儿开始学会的说谎，最初是无意的，然后是有意说谎。因此，幼儿时期是说谎行为的萌芽期，也是品格形成的初始期，我们需要非常注重幼儿品格的养成。

梓梓放学回家向爸爸"说谎",或许是希望得到家长的关注。在老师询问她时,她点点头又摇摇头,表现出否定的答案。教师细心观察后,也发现梓梓不小心摔倒、擦伤后均会告知家长是被打的。梓梓的这些行为是假想,有意说谎,作为教师要引起重视,积极与家长沟通,解决问题。

应对方法

1. 敞开心扉,主动交流

面对幼儿撒谎的情况,首先要弄明白撒谎的原因。在得知了梓梓是因为渴望得到关注而弄伤自己时,教师要主动与其交流,让她对教师产生信任感。虽然她的话很少,但是在教师的引导下,她开始变得热情起来,也愿意与教师分享她的生活趣事。这一小小的变化,给幼儿园之后的工作开展带来了巨大的信心。

2. 结合绘本,背诵口诀

针对幼儿出现撒谎问题,教师可以结合品格教育的主题,有意识地带幼儿们一起学习主题绘本《这不是我的帽子》,从绘本内容入手,从浅入深讲明其中的道理。在幼儿们懂得诚实的做法后,趁热打铁带领幼儿们以判断对错的形式巩固对于"诚实"的理解,并学唱口诀歌。幼儿们对于这种形式的教学十分感兴趣,再加上动作把口诀歌表演出来,这样既便于记忆又能巩固认知,同时锻炼了幼儿的表现能力。

3. 集体教研,分享经验

在教研中,可以将梓梓的行为表现告诉教研组的成员们,鼓励大家积极讨论,分享经验。众人知识的碰撞,可以擦出智慧的火花。大家一致认为可以通过梓梓的案例对全班幼儿进行"诚实"主题教育,在进行主题绘本和口诀歌教育的基础上,开展班级活动,充实区域,以小活动推动诚实教育,以大环境巩固诚实认知。

比如，以级部为单位进行"诚实"童话剧的排演。在表演的过程中，幼儿们绘声绘色地讲述着剧本故事，通过把"诚实"的故事表演出来，更进一步提高了幼儿对"诚实"的认识。又如以班级为单位开展"说出我的秘密"主题教育活动，鼓励幼儿通过"秘密箱"，将自己内心的秘密表达出来，在大胆表达的同时深化对"诚实"的认知。

4. 营造环境，积极影响

众所周知，环境对于一个人的影响巨大，它的力量不可忽视。为了给幼儿打造一个良好的、适宜发展的环境，在语言区域中，可以投放一些有关诚实品质的绘本，如《好想吃榴莲》《你真好》等绘本，帮助幼儿加深对诚实品质的理解。

5. 家园配合，互助共育

家园共育是幼儿成长发展的助推器，教师应引导家长在家庭中及时关注幼儿行为，给予支持和帮助。可以通过亲子游戏、家庭生活指导及与老师的互动，拉近家长与学校的距离，使家长在育儿上与教师达成共识。

山东省济南市槐荫区青少年宫第二幼儿园世纪广场园　李阳

倔强幼儿的转变

案例描述

镜头一：

瑶瑶性格比较倔强，想要什么就一定要得到，要不然就拼命地哭。昨天午睡时，她有一根牛皮筋放在床头，睡觉时动来动去，醒来后找不到牛皮筋了。教师帮她把床找遍了还是找不到，就跟她说有空了再帮她找。她不听，坐在床上大声地哭闹，一定要求老师帮她找。

镜头二：

前几天吃过午饭，瑶瑶漱完口，抽了一张餐巾纸擦了擦嘴，擦过嘴的餐巾纸没有扔掉，而是悄悄放在了自己专门放物品的小筐里。教师让她扔到垃圾桶里，可她就是不听。教师跟她讲那张餐巾纸已经脏了，应该扔进垃圾桶。瑶瑶始终不同意，非要坚持把擦过嘴的餐巾纸放回自己的小筐里，教师见她这副模样，真的又气又好笑。

镜头三：

今天中午幼儿吃鸡腿，瑶瑶吃完后把果盘里的几根鸡骨头偷偷地藏进自己的口袋里，一个小朋友看见了便来告发她。教师告诉瑶瑶，骨头放在口袋里衣服要脏的，可瑶瑶捂住口袋就是不肯把骨头拿出来，说要带回家给小狗吃。

案例分析

幼儿脾气倔强并不是凭空而来，很大程度上是家长惯出来的。有些幼儿想要什么，只要说一声，家长就会满足他，久而久之幼儿就养成了"我想怎样就怎样"的行为特点。这时如果突然要他做出改变，要他做出和原来不一样的举动，那幼儿在心里肯定是比较抵触的，所以就做出一系列的反抗举动。

应对方法

1. 冷处理法

有些幼儿倔强个性发作时，是带点试探的性质，成人表现得越在乎，他可能越过分。所以不是原则性问题、在不会影响到幼儿安全的情况下，可以暂时不去理睬他，等他情绪平静下来了再去处理。

2. 讲道理法

讲道理法就是教师了解幼儿的真实想法，与幼儿平等沟通，谈论他的行为不能被别人接受的原因。让幼儿意识到倔强是不能解决问题的，然后通过讲道理来改善幼儿的个性行为。在跟幼儿沟通的时候，不能用命令的口吻跟幼儿讲话，不能按照成人的思维去对待幼儿。教师要有一种积极向上的态度，选择恰当的激励方式，正面引导幼儿去正确对待自己的行为。

3. 恩威并施法

有时幼儿发生倔强行为，如果跟他好好地讲道理行不通，那不妨运用处罚的方法。例如可以取消幼儿玩游戏的机会，但必须要让幼儿知道处罚他的原因。处罚过后，教师要跟幼儿说明白，老师是喜欢他的，但他的错误行为需要改变。

4. 讲述故事法

幼儿最喜欢听故事，通过讲故事有助于幼儿改善自己的行为。为了帮助幼儿培养新的行为习惯，有时不能只给予表扬和鼓励，还要捕捉幼儿的爱好与兴趣。通过讲故事，可以使幼儿悟出隐含在故事中的道理，从而改善其倔强行为。

5. 言而有信

幼儿的成长需要一个过程，他表现的倔强只是表面现象，行为的背后伴随着一定的成因。教师要了解幼儿的动机，既要抱着理解的态度，又要给他立一些规矩，巧妙地用其他办法调和，结果才会不一样。

比如在构建区搭积木时，瑶瑶把积木乱抛，扔得满地都是。教师叫她整理好，她偏不听，还大哭大闹。后来教师告诉她："以后玩了玩具自己都能整理好的话，放学就奖你一颗大大的红五星。"瑶瑶点点头，勤快地去收拾玩具了。放学时，教师兑现了诺言，特地奖了一颗大红五星给她。经过这样的引导训练，瑶瑶的行为也有所转变。

所以，在教育幼儿的时候，要言而有信，要坚定自己的立场，对于有些原则性的问题不应有任何动摇，不能因为幼儿的难以管教就直接顺从了他的无理要求。

6. 转移注意

幼儿越小，情绪越不稳定，注意力也就越容易转移。当幼儿哭闹时，我们要安抚他的情绪并转移其注意力，让他在游戏活动或体育活动中宣泄内心的情绪。回到案例中瑶瑶的表现，她的一根牛皮筋放在床头不见了就大声哭闹，怎么劝都不行，这时可以有意识地转移其注意力。例如让她看看小朋友在玩什么好玩的，看看好朋友在干什么，等等，从而转移她的注意力，使她停止哭闹。教师千万不要盲目地训斥指责，否则幼儿的性格只会更倔强，脾气也会更"犟"。

7. 家园共育

幼儿园是一个有规则的集体，这些规则存在于一日生活各个活动环节中。如：吃饭时要保持安静，自己独立进餐；整队时要静、齐、快；收玩具时不能与人争抢，要摆放整齐，等等。这些行为习惯都是让幼儿通过日常生活的各个活动逐渐主动养成的。那么幼儿在家时，家长是否也能与幼儿一起建立规则，让幼儿有意识地遵守呢？家园能配合，教育目标能一致的话，那肯定能收到事半功倍的教育效果。

江苏省苏州叶圣陶实验幼儿园　朱天昕

人际交往

不和小朋友交往

案例描述

游戏是幼儿最喜欢的活动形式之一。但是每次游戏中,小溪总是表现得很呆滞,不主动与小朋友交往。小朋友在游戏中想与她产生互动,她也表现得无动于衷,不开口,不走动,不思考。

在户外活动时,幼儿们都在玩丢沙包的游戏,沙包传来传去,玩得不亦乐乎。这时欢欢把沙包丢给了小溪,示意小溪赶快接着往下传,但小溪看了看沙包,把沙包扔在地上,然后跑开了。

间隙活动,幼儿们玩起了拍手游戏,大家边拍手边唱儿歌,小溪站在队伍最后面看着前方,老师走过去问:"小溪,我和你一起玩好吗?"小溪摇了摇头。

案例分析

交往就是人与人之间通过言语的表达、信息的传达、友好的动作倾向所传递的一系列社会性行为,它是社会和人们情感交流的需要。孩子需要伙伴排除孤独寂寞,愉悦身心,这是成人无法代替的。

小溪在集体活动中不愿意与同伴交往，不主动交流，甚至当同伴主动找到她时，选择"回避"。小溪的性格比较内向，在家庭环境中与同伴互动机会少，缺乏同伴互动的动机和技巧。而角色游戏是幼儿反映现实生活的一种形式，是幼儿按照自己意愿进行的一种游戏。在游戏中同伴相互影响，这样不但能弥补幼儿自由交往活动频率低的不足，也能促进幼儿口语、动作和思维能力的提高。

应对方法

1. 提供适宜的环境，促进幼儿交往能力的发展

幼儿的社会性行为主要是在日常生活和游戏中，通过观察和模仿而潜移默化地发展起来的。可以创设"美食一条街"社会活动，给幼儿提供真实的游戏情境，让幼儿在游戏中学会合作、学会交往，给幼儿更多的机会，幼儿的社会交往能力就会一次次地提高。

一次"美食一条街"的活动中，小溪选择做服务员。她来到顾客面前，凑到顾客的耳朵上问："你要什么啊？"

顾客抬起头看看她没有说话。换作以前，小溪不会主动开口讲话，这次小溪不仅主动开口，见顾客没有搭理她，还干脆直起身说："我们今天有水果汁、水果拼盘，还有蔬菜面，请问你要什么呀？"

活动中的小溪，有了足够的自信心，与人交往变得大方自然。顾客选择了水果汁后，小溪来到厨师面前说："顾客要一杯水果汁。"厨师问："加奶吗？"小溪拍了一下自己的脑门："呀，我忘记问了。"

在不断练习和活动中，小溪表现得越来越自然，也越来越愿意和别人交流，这说明适宜的环境有效支持了幼儿的社会性交往。这是因为角色游戏是幼儿反映现实生活的一种形式，是幼儿按照自己意愿进行的一种游戏。在活动中，幼儿以服务员、顾客和厨师的身份进行相互交往，所有的幼儿都动了起来。在这种身临其境的游戏场景中，小溪也被带动了起来，去认真完成"服务员"的工作。

2. 鼓励幼儿自主决定、独立做事，增强其自尊心和自信心

在保证安全的情况下，应支持幼儿按自己的想法做事，即使幼儿做得不够好，也应该鼓励并给予一定的指导，帮助幼儿在做事中树立自尊和自信。教师要作为一名旁观者，给幼儿充分提供自己做事的机会。比如"美食一条街"社会活动中，可以放手让幼儿自己管理餐厅的大小事宜，鼓励幼儿自己解决问题，坚持自己的想法。在这个过程中，幼儿获得了成就感，自信心油然而生。

如在一次活动中，顾客要蔬菜面，小溪说："好的，请稍等，马上来！"正当她要去告诉厨师时，这时旁边的两位顾客喊道："服务员，我要点餐！"小溪看了看顾客，又看了看厨师，有点着急地说："哎呀，我一个服务员太忙了，都忙不过来了！怎么办呀？"眼看就要急哭了。看着又要来顾客，小溪向老师求助："老师，我们这里缺服务员。"

教师听到小溪的话，快步走了过来，对她说："先别着急，想一想别的办法。"

"有什么办法呢？"

"平时外面的餐馆缺服务员都是怎么做的呢？"教师趁机引导。

"对呀，我们可以招个服务员。老师，我们能招你吗？"

"非常乐意，谢谢你邀请我加入你们的团队。"

小溪在游戏中遇到问题自己无法解决时，向老师请求帮忙，这说明她愿意与人交往的意识逐步加强，有问题愿意向别人请教。教师趁机引导，让小溪联想到餐厅缺人可以招聘这一经验，顺势邀请教师加入他们的游戏，既保证了游戏的顺利进行，也促使小溪自信心得到了增强。

3. 结合社会生活实际，引导幼儿了解行为规范与游戏规则

在活动中，教师要经常与幼儿玩带有规则的游戏，遵守共同约定的游戏规则，体验规则存在的意义。如活动中端着蔬菜面给顾客的小溪说："哇，蔬菜面好香啊，好想吃一口啊。"但始终没有尝一口。虽然小溪特别想吃制作的美食，但还是遵守自己的岗位职责，认真地做好自己的事情，能够理解规则的意义，并能控制自己遵守游戏规则。

　　成人是幼儿的一面镜子，幼儿喜欢模仿，热衷于模仿别人。教师的言行举止、待人接物，都影响着幼儿社会交往能力的发展。教师要遵循幼儿的个性和身心发展特点，给幼儿一个自我评价、自我放松的平台，营造一个良好、宽松愉悦的成长环境，教给幼儿必要的社交技巧和礼仪，让幼儿在成长的道路上走得更好。

山东省滨州市滨城区彭李街道中心幼儿园　冯盼盼

沉默不语的涵涵

案例描述

镜头一：

今天，是涵涵第一次来到幼儿园，她非常沉默，紧抿着唇。在与外婆简单交流后，教师蹲下来，牵起涵涵的小手问："你叫什么名字？"她对教师一脸淡漠，一双乌黑明亮的大眼睛紧紧盯着教师不说话。接下来，无论教师怎样与她交流，她不是安静地走开，就是沉默不语，看起来似乎很冷漠。

镜头二：

下午，幼儿们都在进行区域活动，涵涵不参与游戏，只静静地坐在自己的位置上。教师走过去对她说："涵涵，怎么不跟小朋友一起去玩呢？"涵涵摇摇头。

"你看小朋友玩的多开心呀，你也去吧。"教师继续努力劝说。

涵涵依然摇摇头。

"来，跟老师一起过去玩。"教师邀请她，尝试想让她进入活动，但涵涵挣脱了教师的手，一言不发地走开。

接下来的一段时间里，教师不停地创造各种机会，运用各种方法接近涵涵，希望能够和她进行交流。可是，涵涵总是那样冷淡，拒人于千里之外。

案例分析

《指南》中明确指出："幼儿阶段是儿童身体发育和机能发展极为迅速的时期，也是形成安全感和乐观态度的重要阶段。"对于涵涵的表现，教师通过与家长及时沟通，分析原因如下：

1. 亲情的缺失

父母是孩子的第一任老师，家庭中形成的早期经验对孩子的情绪情感、性格、行为、智力及价值观等方面有着深刻的影响。由于涵涵从小与父母长期分离，虽说有外公外婆的爱护和照顾，但失去父母关爱的涵涵，就像一只迷失方向的小羊羔孤独无助，长此以往就变得沉默寡言，甚至态度冷漠。不仅与父母情感淡漠，在与其他人交往中也有猜疑、胆怯、狭隘、孤僻等负面倾向。

2. 交往能力的缺乏

《指南》中指出："幼儿在与成人和同伴交往的过程中，不仅学习如何与人友好相处，也在学习如何看待自己、对待他人，不断发展适应社会生活的能力。"涵涵没有及时得到思想认识及价值观念上的引导和帮助，使得她形成了一些不良的个性特征和行为缺陷，表现为冷漠、孤独、胆怯、自我封闭等。由于长期的性格孤僻和情感缺失，让涵涵缺乏与人交往的能力和技巧，没有建立良好的亲子关系和同伴关系，没能在积极健康的人际关系中获得安全感和信任感，也就没有形成基本的认同感和归属感。

应对方法

根据《指南》的表述，"健康是指人在身体、心理和社会适应方面的良好状态。"愉快的情绪、协调的动作、良好的生活习惯和基本生活能力也是幼儿身心健康的重要标志,这就要求成人要对幼儿的生活环境(主要是心理环境)及时地加以改善,让他们多体会到父母及其他人的关爱。

1. 默默关爱,体会信任

《指南》要求,要为幼儿"创设温馨的人际环境,让幼儿充分感受到亲情和关爱,形成积极稳定的情绪情感"。针对涵涵的情况,教师在幼儿园里要默默地关注涵涵,对她好的行为表现给予具体、有针对性的肯定和表扬,但是不强迫她作出回应,让她感受到尊重,体会到真诚。

一日活动中多与她进行沟通,多观察她的发展变化,及时了解、疏导她的心理问题。如午餐时,陪伴在她身边,逐步引导她学会正确表达情绪情感。也要设法激发涵涵对各种活动的兴趣,通过游戏和交谈来满足她渴望被关注的心理需求。引导她多与同伴交往,从而让她发现交往的乐趣,感到老师和小伙伴是可亲、可近、可信赖的,幼儿园是温暖的,由此进行一定的"亲情弥补"。

2. 发挥同伴的榜样作用,建立良好的同伴关系

从涵涵平日的一言一行中不难看出,她极其缺乏与人交往的经验。针对这种情况,可以在班上找几名口语表达能力较强、又善于交往的小朋友,鼓励他们主动与涵涵交朋友,并经常相邀着到涵涵家去做客,以自身的言行帮助涵涵学会正确与他人交往的方法。如经常和她一起参加一些群体性的活动和区域活动,和小伙伴一起合作游戏,体会活动的乐趣;教会她与别人分享玩具、图书等交往行为。

3. 改变教养方式,建立科学的亲子关系

《指南》中指出:"幼儿身心发育尚未成熟,需要成人的精心呵护和照顾,但不宜过度保护和包办代替,以免剥夺幼儿自主学习的机会,养成过于依赖的不良习惯,影响其主动性、独立性的发展。"通过了

解，我们知道作为涵涵监护人的外祖父母，由于自身文化素养较低和隔代观念差异的原因，几乎没有对涵涵进行教育和引导。对此，教师可以与涵涵的外祖父母一起分析和探讨他们的家庭和孩子的现状，遇到问题及时沟通，要注重"亲子沟通"的质量，多给孩子积极向上的情感体验。

经过一段时间的努力，涵涵能够愿意与老师接触，基本能和小朋友友好相处，也有了自己的朋友，能正确表达自己的情感，人际交往能力也有所提高。性格也逐渐活泼、开朗，有时她还会主动参加活动，如唱歌、讲故事等。这一切让教师看到，付出的努力没有白费。涵涵正在努力克服自己的缺点，各方面的能力都有所提高，特别是对幼儿园的很多活动都具有较大的兴趣，其各方面能力都有所进步，能够做到自信、快乐地融入集体。

山东省沂源县西里镇中心幼儿园　王爱玲

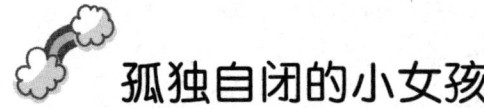

孤独自闭的小女孩

案例描述

第一次见面,瑶瑶就让人觉得眼前一亮:长长的睫毛,闪亮的大眼睛,在阳光下来回跳动着的乌黑马尾,一双锃亮的、可爱的、俏皮的黑鞋。她就这样打扮精致得像个洋娃娃,背着个红色的书包,牵着妈妈的手出场了。

在教室里,瑶瑶的小脑袋左看看右看看,教师始终无法找到与她对视的目光;不论教师如何叫唤她的名字,一遍、两遍、很多遍,也一直都无法得到她的回应。

瑶瑶第一天上学很紧张,眼睛红红的,眼泪像珠子似的大颗大颗地落下后,就冲出教室试图跑回家。之后的几天,情绪容易波动的瑶瑶依然会冲出教室,有时教师有预防地拦住她,她就在教师面前不停地哭,还会使劲地拍打玻璃。

教师试图跟她讲话:"瑶瑶,你怎么了?"

不管反复问几遍,瑶瑶就是一个字也不说,哭得很伤心。

"是想回家吗?想妈妈了是吗?"就这样教师在瑶瑶的耳边不停地重复着问,帮她说出内心的想法,一遍又一遍,瑶瑶的哭泣声逐渐变小了。

"先上课，再回家好吗？"教师再次重复问道，直到瑶瑶愿意坐回座位。

就这样，一次又一次，教师追着瑶瑶的目光，盯着她的眼睛，确定她能清楚地看到自己，告诉她："很快就可以回家了。"

但瑶瑶经常都是动了动嘴巴，跟着轻轻说："回——家"，然后又开始哭……

户外活动时，伙伴们在相应的游戏区活动，瑶瑶拖着她的大长腿在操场上肆意飞奔，一会儿东、一会儿西。教师在后面追逐、呼喊，担心瑶瑶危险，瑶瑶用她的眼珠斜斜地偷瞄了下教师的行踪，更快地前行，速度一点儿不比男孩慢，甚至更胜一筹。

慢慢地，身旁的小伙伴们不再有入园的分离焦虑，开始了相互的哈哈大笑，同座的女孩有时会凑近瑶瑶说："你好漂亮啊。"但瑶瑶依旧自顾自地玩着手里的玩具，就好像一切没有发生。

瑶瑶有很多条裙子，红的、粉的，各种各样的，每天来园都像个小公主似的。瑶瑶坐小椅子，不像其他女孩一屁股坐下去，她会很快速地用双手捋一下贴近椅子的裙面，让裙子布料平整的压在椅子上，一次不落，有时还会将膝盖上褶皱的裙子捋一下，每天回去时，裙子依旧整整齐齐。

瑶瑶喝水只用自己带的水杯，教室里的水杯成了她的玩具。她喜欢去洗手池玩杯子，一个人反反复复地玩。一个男孩觉得好玩，把瑶瑶的杯子抢走了，瑶瑶也不回去争抢，只是用手捋了捋头发，就到教室空旷的地方独自转圈圈，一直转一直转，转到自己笑了、累了，再独自去玩别人不玩的玩具。

就这样，瑶瑶一直沉浸在自己的世界里，孤独而自闭。

案例分析

著名教育家陶行知先生主张，"培养教育人和种花木一样，首先要认识花木的特点，区别不同情况给以施肥、浇水和培养教育。"强调了对待不同的儿童，应给予与其相适应的教育方法，才能让每个幼儿得到相应的发展，乃至更全面的发展。

瑶瑶的节奏好像有着自己的方程式，固定不变的纵横向方块，每一格都有归属，不允许被打扰，这让瑶瑶的行为显得刻板重复与固执。她不愿与其他幼儿玩，对玩具没有表现出强烈的兴趣，会有强迫性观念和自我刺激行为。她具有特殊固定的衣食住行习惯，玩法单调缺乏变化，如果稍有变化，就不能接受而抗拒、哭闹，是一种重复性、刻板性的行为。

应对方法

1. 认可并理解幼儿的情绪状态

如果不良行为不过度妨碍他人和自己，应允许其在一定范围内存在。案例中的瑶瑶，一个人反复玩着杯子，在教室里独自转圈圈等行为，并不是幼儿常规表现，但其并没有过分影响其他幼儿的行为，就可以允许瑶瑶在安全的情况下继续其行为动作以满足当下的情绪体验。

2. 预防和减少幼儿的问题行为

（1）给幼儿自由，让幼儿有机会表达自己的想法。在日常活动中，教师应尽可能地给予幼儿稳定安全的环境，让同伴多与其共同游戏，在游戏中促发其与同伴隔阂的自然解除，促进其沟通能力的发展。

（2）多为幼儿创造愉快的情绪体验，说笑、表扬、游戏、拥抱等。爱干净、穿戴整齐的瑶瑶很受同伴的欢迎，在交往活动中，教师应鼓励同伴通过拥抱、游戏的方式表达对瑶瑶的喜欢。

（3）提前预知心理变化。跟家长沟通得知，瑶瑶平时有上各种训练课，如果课程调整，妈妈会提前准备图卡告诉瑶瑶接下来要去哪里。因此，在幼儿园，当幼儿要去公共活动室，教师也可以提前和瑶瑶用其能接受的图卡方式，告诉她接下来活动需要变化场地，让瑶瑶慢慢适应、转变，调整情绪。

3. 提升幼儿的社交能力

在幼儿园生活中，教师应鼓励同伴用缓慢、温和的说话方式与瑶瑶进行沟通，例如当同伴想要玩瑶瑶手里的玩具时，可以走到她旁边对她说："瑶瑶，可以给我玩一会儿吗？"如果瑶瑶没有回应，则可以反复对瑶瑶说几遍，引起她的注意。

在平时活动中，不要过分关注，也不要过分干预，应给予瑶瑶充分的安全及自由的社交圈，使她感受到平等与尊重。让其在一定区域内感受到被保护以及可表达的空间环境，更有利于瑶瑶愿听、想说、敢说能力的发展。

江苏省无锡市古运河实验幼儿园　孙婷婷

小朋友们叫他"呆子"

案例描述

镜头一:

下课了,幼儿们都拿球到室外去玩,峰峰还安安静静地坐在小椅子上。教师走到他面前轻轻地对他说:"你拿球玩吗?"峰峰这才慢慢站起来,来到球架旁看着小朋友争先恐后地拿球。他躲在一边,不敢靠前,等所有的小朋友都拿到球,他才慢慢靠近,拿球时手还在微微颤抖。

镜头二:

上课时,幼儿们都积极举手发言,有的幼儿甚至跑到教师身边,峰峰则只是安静地坐着,不说话也不争着发言。教师用眼神鼓励他,他也只是木木地看着教师。有时教师请他回答一个很简单的问题,并想借机会鼓励他,可连问题还没有说完,峰峰就焦虑得不行,看起来很紧张。有时会引来其他幼儿的议论:"他什么都不知道""他从来不回答问题的""他不跟我们玩"……峰峰也不辩解,表情也有些麻木,好像习惯了这些。

镜头三:

建构区里,幼儿们相互交流,大声讨论,在一起合作游戏,峰峰则默默地玩他面前的几片积木。别的小朋友抢他的积木，他也不反抗，呆呆地坐着，以至于小朋友背后叫他"呆子"。

案例分析

峰峰很小就失去了父母，一直由爷爷奶奶照顾，不幸的境遇让人心生怜爱。峰峰性格内向，有事也闷在心里。从心理学上分析，峰峰的行为有退缩、回避和交往胆怯的倾向。由于家庭困难，爷爷奶奶难以照顾周全，只要峰峰不哭不闹就好，很少与峰峰进行情感的交流。就这样，久而久之，峰峰变得越来越沉默，喜欢沉浸在自己的小世界里，在与他人交往、上课发言、表现自己时，会因不适应而显得很紧张害怕。

应对方法

1. 老师的关爱，补偿亲情的缺失

《纲要》强调："树立正确的健康观念，在重视幼儿身体健康的同时，要高度重视幼儿的心理健康。"教师应主动亲近和关心幼儿，经常和他一起游戏或活动，让幼儿感受到与成人交往的快乐，建立亲密的师生关系。爱是打开幼儿心灵的灵丹妙药。

每天早上，教师从奶奶手中把峰峰接过来时，会亲亲他，牵着他的手去拿玩具，邀请其他小朋友和他玩，消除他对班级的不适应，解除对老师的害怕心理。有一天，峰峰一直拉肚子，教师帮他换了三次裤子，为他打来温水擦洗，抱着他轻轻揉肚子。峰峰依偎在教师怀里，直到放学都舍不得离开。

教师也要注意在集体面前让峰峰多表现，以增强他的自信心，如请他做值日生，分餐时让他帮着拿饼干、拿碟子……一次班上开展"我喜欢的东西"主题活动，幼儿们对于这个话题很感兴趣，纷纷向同

伴介绍自己的"最爱"。轮到峰峰了，较少说话的他竖起两只小手放在耳朵旁边跳了几下，幼儿们立即猜出是小白兔。教师趁机鼓励他把喜欢小白兔的原因说出来，他轻轻地说"我喜欢它白色的毛"，尽管只说了一句，总算勇敢地在大家面前开口说话了。幼儿们在教师的带领下拍起小手表示鼓励，峰峰难得地笑了。

除了在幼儿园给予他关心之外，每个晚上也可以给峰峰打电话，问问他的生活情况，问问他今天学的本领，让他体验到老师对他的爱。

2. 同伴的帮助，满足交往的需求

《指南》指出："良好的社会性发展对幼儿身心健康和其他各方面的发展都具有重要影响。"峰峰从小由于缺少交往的环境，以至于缺失与人交往的技能。虽然有时会想加入到同伴的游戏之中，但因为胆怯而常常游离于集体活动和游戏活动之外。

人际交往和社会适应是幼儿社会学习的主要内容，也是其社会性发展的基本途径。首先必须为他创设有利于同伴交往的环境，可以将他的位置安排在那些语言表达能力较强的幼儿旁边，通过小组讨论，培养峰峰主动说话的习惯。同时引导班上的其他幼儿主动与他交往，凡是每天主动找峰峰玩的幼儿，对其给予小小的奖励，鼓励更多幼儿同峰峰交往。

3. 家长的配合，巩固良好个性的形成

《纲要》指出："社会学习是一个漫长的积累过程，需要幼儿园、家庭和社会密切合作，协调一致，共同促进幼儿良好社会性品质的形成。"由于幼儿每天往返于家庭和幼儿园两个生活场所，如果幼儿在幼儿园里受到的教育在家庭中得不到巩固，良好的个性培养就得不到延续，就会出现"事倍功半"的效果，不利于幼儿良好个性的形成。

作为峰峰主要照看人的爷爷奶奶，没有太多的精力去关注峰峰发出的各种情感信号，也不会及时满足幼儿的情感需要，虽然与幼儿建立起依恋关系，但质量不高。可以建议爷爷奶奶让峰峰大胆地说、跑、跳，犯错不要训责；爷爷奶奶也可以带峰峰到外面多走动，鼓励峰峰与他相识的幼儿一起玩耍。

　　经过一年多的努力，峰峰取得了很大的进步：笑容常常挂在他的小脸上，与老师和小朋友的话也多起来，在课堂上回答问题声音也响亮多了；游戏时会去找小伙伴，也会跑呀、叫呀；在六一节表演活动中，峰峰还勇敢地上台表演了节目，大家都为他的进步而高兴……

　　幼儿们都是可爱的，面对特殊幼儿，教师更是要付出数以百倍、千倍的爱心、耐心和细心，用心来呵护幼儿们幼小的心灵，让像峰峰一样的特殊幼儿都能在这个有爱有温暖的大集体里茁壮成长。

江苏省海安市曲塘三之三幼儿园　高秋月

难以自控的露露

案例描述

镜头一：我就要推倒他

一次音乐活动中，幼儿们正高兴地和同伴、老师一起玩着"好朋友，行个礼"的游戏，很多幼儿"赢得了"同伴，唯有露露没有找到一个小伙伴。这时，鑫鑫带领的那节小"车厢"过来了，只见露露以迅雷不及掩耳之势想推倒鑫鑫，所幸鑫鑫稳定性较好，没有摔倒。

事后，教师询问露露推人的原因，得到露露这样的回复："他的朋友最多，他的车厢最长；我没有小车厢，我就要推倒他。"

镜头二：我要他手里的玩具

下午，享用完点心的幼儿们开始在活动区域里忙碌。只听见一个幼儿喊道："老师，露露又打人了。"循声望去，只见露露双手叉腰，一副不服气的样子，而捂着脑袋的那个幼儿竟然又是上次事件中差点被她推倒的鑫鑫。

镜头三：吐口水事件

幼儿们从户外运动回来，大家都在自主盥洗、饮水。忽然，婕婕拿着杯子走到教师的面前："老师，刚才露露朝我水杯里吐口水。"教师听到后立马让幼儿把水倒掉,并对将杯子进行了消毒、清洗。

正在饮水的其他幼儿听到婕婕的告状,都迅速将目光聚集到了露露身上,大家开始纷纷指责她,露露听到同伴的议论,双手叉腰道:"哼,我不跟你们好了!"

教师轻声问道:"露露,你为什么要吐口水到婕婕的杯子里呢?"

"她刚才在外面不跟我玩,我就要吐她。"

案例分析

上述事例是露露在园的一些缩影,结合该幼儿在园的行为表征,进行如下分析:

1. 幼儿自身因素

(1) 情绪不能自控

从露露日常在园的一些案例中发现,她在集体活动、游戏时常会突然之间做出一些不好的行为。虽然她知道这样做是不对的,但是她不能较好自控,爱发脾气、易激动,高兴和生气的时候都会大声喊叫,甚至出现攻击他人的行为。

(2) 动作协调性差

结合每日户外活动,发现露露和同龄人相比,动作协调性较欠缺,目前还不会熟练地单双手交替拍球,不会双脚跳、手膝着地爬行等动作。

(3) 目光不对视

在和露露沟通的过程中,教师发现她的目光从不和对话人对视,总是游离在其他地方,甚至有些闪烁,这也导致她的活动状态存在很多摇摆、不稳定的特质。

2. 社会心理因素

社会心理因素对幼儿身心的发展有着巨大的影响,并且是导致学前期儿童注意力缺陷的重要影响因素之一。结合家访了解到，露露平时由奶奶带的比较多，而老年人可能觉得照看幼儿最简单的方法是让幼儿看电视，露露在家里看得最多的是一些打斗的古装电视剧或者一些暴力倾向的动画片。

当下幼儿正处在一个好模仿的阶段，因此露露会将自己看到的片段带到和同伴的游戏里进行模仿，从而出现她拿着扫帚或者其他材料作为游戏的道具在娃娃城里追逐、打闹，同伴四处躲避的场景。这都导致鲜有同伴和她玩，更减少了露露和同龄人沟通、交流、表达的机会。

3. 家庭教育因素

在露露的教育问题上，家庭里出现两个极端：父亲比较粗犷又过于严厉，对于露露在家中的不当表现或得知在园的不好表现后会较大声地训斥、惩罚；母亲和奶奶则会以幼儿还小为由进行袒护。露露处于一个严肃与放任的矛盾环境中，这样类似叠加的负面情绪逐渐使她丧失一些情绪自控的能力。

应对方法

1. 语言激励，约定鼓励

每个幼儿都期望得到老师不同方式的语言激励。结合露露的日常行为表现，教师可以和露露进行相关的约定，并以"如果可以……就可以……"这样的语言来激发露露去完成、去坚持做事的欲望，帮助她逐渐建立起"我能行"的心理暗示，促使她养成坚持不懈的品质。

比如：在主题建构游戏中，教师和露露达成完成建构作品的约定，如果她可以坚持完成作品，便能在分享环节得到两颗小星星的奖励；进餐环节中，教师可以和露露约定安静、独立用餐，如果她能做到，便可以选择当值日生；在午睡环节，可以和露露约定尽快入睡、不打搅同伴、不发出声响，如能做到，便可赢得一个可爱小发卡；等等。

以上这些贯穿于一日活动中的约定，能增强幼儿的参与兴趣与行动内驱力，促使幼儿在"工作"的过程中学会坚持，得到成功的喜悦与满足。

2. 标签效应，正面引导

标签是社会（他人或社会组织）给有关人员附加的身份证明，是社会对一个人的特征进行的界定。作为教师，日常需要正确地使用"标签效应"，明晰正面的标签对幼儿的发展起到激励的作用，而负面的标签则会对幼儿的发展起到阻碍的作用。恰到好处地使用标签效应，会促使露露的一些良好行为、情绪管理等得到延续，并给予她的适宜行为正强化，帮助她能尝试自愿主动地去学习，以此来建构起自己一些良好的行为。

通过观察发现，露露对于角色游戏的扮演乐此不疲，每样角色都能完成得惟妙惟肖。教师可以借此契机，抓住角色游戏中的点滴，适时地在集体面前进行分享，为她在同伴前树立"我是游戏高手"的形象，赢得他人对她的好感，为她融入到同伴的游戏中加分。

3. 师爱关怀，浸润内心

每个幼儿都喜欢被温柔对待，他们渴望自己能得到成人的认可与关注、肯定与赞扬，露露也是如此。正因为露露自身的一些特殊原因，在日常她更希望被重视。

如果教师不走进幼儿的内心世界，去了解幼儿的内心需求，那么幼儿的行为是难以在本质上得到改变的。在日常教育中，教师需要把暖式教育和其他教育方式有机结合，不伤及幼儿的自尊心，让他们时时感受到教师的温暖，增强自我完善的意识，逐步弱化自己的不良行为。教师需要以一颗温柔的心，去面对每一个幼儿，去包容每一个幼儿，相信每个幼儿都有无限的可能，给予幼儿十足的自信、阳光。

浙江省海盐县秦山中心幼儿园　杨金梅

爱打断别人讲话的宇宇

案例描述

镜头一：

今天的教育活动时间到了，一切正在顺利进行着，老师正在讲一个小故事。这时宇宇再一次开始了他的"表演"：老师在一边说着故事，他却在一边讲其他的话题，兴奋之时还会打扰同伴，滔滔不绝，老师只能无奈中断了活动。

镜头二：

户外活动结束了，幼儿回到活动室分享自己的收获。当哲哲和庆庆正说着他们游戏中遇到的问题时，宇宇上前来直接说出了他的疑惑，打断了他们的谈话。

镜头三：

幼儿们正在进行前识字活动，当认到"儿子"这个词语时，宇宇说："小灰灰是儿子。"被宇宇这么一说，其他幼儿也跟着想发表意见，但是宇宇一直强调"先听我说""你说的不对""应该这样"……几乎都是宇宇在说话，他一味地想要发表自己的看法，不给别人表达的机会。

案例分析

幼儿处于语言发展的高峰期，同时对周围事物充满好奇，爱插嘴提问、爱发表意见实属正常。同时由于幼儿年龄小，知识面窄，求知欲高，每当他人讲到幼儿感兴趣的事情时，幼儿便会提出许多问题希望得到解答。这是他们获得知识的途径，也是他们这一年龄段的可贵之处。正如案例中的宇宇，在别人提到他感兴趣的事情时，他就会打断别人的谈话。

4－5岁的幼儿正处在自我中心阶段，开始有了自己的意识。因此当听到别人的谈话时，也想发表自己的意见，但由于缺乏自控能力，不能约束自己，便会有插嘴的行为。幼儿爱插话，其实也是他们自我意识较强的反映，但是无故打断别人讲话，总归是不礼貌的行为，需要正确地引导。

应对方法

1. 与幼儿一起阅读

与幼儿一起阅读时，看到一个很简单的问题，可以装作不懂来考验幼儿，让幼儿满足一下自己的虚荣心。当幼儿回答上来时，可以适当夸奖一下。紧接着，在同样的情况下，问一些幼儿明白但是无法答复的问题，适当地给予刺激。之后对幼儿说明不能随便打断别人的道理，让他明白插话给人的感觉是不舒服的。当然解决这个问题是一个相当漫长的过程，不可能一蹴而就。

2. 给幼儿做示范

小孩子的模仿力都很强，可以利用这一点，给幼儿树立一个好榜样。在与幼儿说话时，尽量不打断他。如果在和同班老师交流的过程中不小心打断了对方，要马上说："对不起，我打断你了，你接着说。"

通过这样的示范，可以引发幼儿的效仿，潜移默化中让幼儿明白打断别人讲话不是好习惯。

3. 通过游戏进行引导

在幼儿园里和小朋友一起玩的时候，幼儿们逐渐学会了轮流，可以利用这种新技能教育宇宇要等别人把话说完了再开口。这种简单的游戏能引导幼儿学会"一问一答"的对话模式。

比如，可以问幼儿："你在家最喜欢干什么？"在幼儿回答的时候仔细听，也可以在幼儿回答的过程中给予一定的提醒："你说完了吗？"当对方结束讲话时，可以这样说："如果你说完了，现在你可以问我问题了。"在说话的过程中如果被宇宇打断，可以用手指碰一碰他的嘴唇，示意宇宇让别人把话说完。

经过练习，幼儿在一定程度上会改善自己爱插话的毛病，不再急于打断别人，遇到着急的事情也会礼貌地提出，这样就在游戏中潜移默化地帮助幼儿养成了良好习惯。

4. 合理利用家园共育

教师平时可以与家长多进行沟通，希望家长也可以正确引导教育幼儿不随意打断别人的讲话。家长平时也要做好不随便打断别人讲话的榜样示范，当幼儿想要表达时，要耐心地聆听幼儿说什么。家长的倾听，对于幼儿来说是一种精神和情感上的关爱，所以要为幼儿树立耐心聆听的好榜样。

其实，幼儿爱说话并不是缺点，讲话可以提高语言表达能力，有助于沟通。当幼儿出现不恰当的行为习惯时，成人的正确引导既不会打击幼儿的自信心，也有助于解决问题。

山东省东营市河口区义和镇中心幼儿园　王建芳

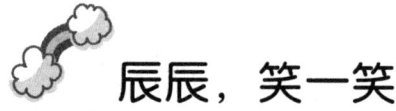# 辰辰，笑一笑

案例描述

辰辰现在是大（3）班"重点关注人物"，为什么呢？

镜头一：人际交往的屏蔽者

已升入大班快一学期了，辰辰和其他幼儿仍然交流很少。在自由活动中，我们有意识引导辰辰在玩具车类区和小朋友交换玩具，辰辰则坐在桌子旁一言不发。小朋友把玩具递过来，并问他："我们可以交换吗？"辰辰低头摸着桌子，一会儿趴在桌子上，一会儿抬起头看一下四周，对于其他幼儿的话语没有回应。

镜头二：角色游戏的旁观者

早上角色游戏主题新增了"黑房子探秘"，大家聚在黑房子门口，哈哈大笑。辰辰听到了大家的笑声，注意力被吸引了。他一边看着大家，一边走来走去。发现辰辰关注到了黑色房子，教师走过来，对他说："辰辰，来玩一次吧。"辰辰不回答，而是走到教室中间，远远地看着黑房子周围玩的幼儿。

镜头三：午餐时的观望者

每次午餐时，辰辰都只是坐在椅子上看着同一组的幼儿。他会伸

出手摸摸旁边幼儿的头，拍拍其他幼儿的肩膀，而自己却不肯吃饭。教师把饭喂到他嘴边，他转过头去，一口不肯吃。有时吃进去，就立马吐出来，然后坐在椅子上转来转去。

案例分析

从这些观察了解中发现，辰辰是一个行为有些异常，需要教师关注的孩子。面对辰辰时，教师有时会束手无策：温柔的劝告，辰辰没有回应；语言的命令，也没有奏效。

《指南》中指出："要充分理解和尊重幼儿发展进程中的个别差异，支持和引导他们从原有水平向更高水平发展。"作为教师，我们应该去了解辰辰异常行为背后的原因，寻找适宜的方法、策略，让辰辰爱说、爱笑、爱玩、爱闹，享受幼儿园的快乐生活。

辰辰的父母上班较忙，辰辰的生活起居由奶奶照顾。辰辰奶奶文化水平不高，对于辰辰的关注点只在于吃饱、玩好、睡好。对于幼儿之间的社会交往等需求，奶奶没有关注到，也很少带辰辰外出与其他幼儿一起玩耍。在家里时，奶奶因为要忙于家务，和辰辰交流互动也不够多，辰辰以独自游戏为主。

应对方法

1. 耐心等待，积极关心

面对难以互动交流、不听指令的幼儿，我们容易情绪激动、焦躁。成人的坏脾气，会给幼儿带来不良影响，会让幼儿更加紧张、焦虑。在和辰辰交往中，我们应尝试用较慢的语速和他交流，并注视着他的眼睛，在提问后耐心等待他的回应。耐心的情绪能够让辰辰放松，充足的等待时间可以让辰辰慢慢组织语言，给我们回应。

积极的关心，可以让师生关系更加亲近。亲近的师生关系，是获得幼儿信任的基础。只有获得幼儿的信任,才能走近幼儿,让幼儿敞开心扉。教师积极表现出对辰辰的关心和喜爱,关注辰辰的小变化,能够让辰辰感受到教师对他的关心和喜爱。然后从辰辰感兴趣的内容入手,给辰辰及时的帮助,让辰辰逐渐愿意和教师交流分享自己的快乐。

2. 细致观察,营造氛围

细致观察,让引导更有针对性。通过适宜的观察量表,观察幼儿活动中的表现,收集真实的信息,进行系统科学的分析,才能梳理出适宜的方法策略,进而进行有效的引导。

对于辰辰的观察,可以结合辰辰在幼儿园的表现,确定具体观察引导的内容。如熟悉一日活动中的要求和规则,参与集体活动、自由活动时增加幼儿交往互动等。再比如,在自由活动时,引导带积木玩具的幼儿和辰辰一起交流、分享积木建构经验,逐步感受辰辰的转变和进步。

另外,良好的氛围有利于激发幼儿放松心态,大胆交流。在轻松、愉快的氛围中,可以增加师生互动、生生互动。如辰辰喜欢创作鲨鱼的绘画,可以以此为契机,鼓励其他幼儿和辰辰一起交流互动,然后创编故事。在交往中,辰辰变得活泼、主动、爱说、爱笑了,和同伴的交流也增加了。

3. 家园互动,多途径合作

幼儿的成长离不开家园的携手,家园一致能够提升教育的成效。

辰辰主要是由奶奶照顾,奶奶的教育方式对于辰辰来说有很大的影响,因此要先转变奶奶的教养理念。通过和奶奶耐心的交流,及时地建议提示,奶奶和辰辰互动更加频繁,互动质量有所提升。而辰辰的爸爸妈妈也需要参与进来,爸爸妈妈可以通过电话、网络等形式,及时和教师交流互动,分享辰辰的小问题、小进步。大家一起总结经验,分享收获,为下阶段教育的开展出谋划策。

除了交流问题，还可以积极反馈辰辰的优点，及时鼓励和肯定孩子。如辰辰在鲨鱼习性了解和鲨鱼绘画上有优势，教师可以分享辰辰的绘画作品给家长，同时让家长多鼓励辰辰大胆创作、表达自己想法，不仅使亲子关系进一步融洽，还可以增强辰辰的自信。

4. 理解、尊重个体差异，发现闪光点

幼儿的发展各不相同，教师要理解、尊重幼儿的个体差异，促进每个幼儿全面和谐地发展，特殊的孩子则需要教师更多的关注。

辰辰是一个普通而又独特的孩子，从拒绝交流、话语很少，到乐观微笑、大胆交流，他的故事让我们看到：幼儿的成长需要教师的呵护、引导、支持与帮助；教师的理解和尊重，能够让幼儿慢慢成长，发现周围世界的新奇和美好。

每个幼儿都是独特的个体，都有自己的闪光点。教师要善于观察、寻找、发现，给幼儿成长的激励，让幼儿自信、乐观地成长。

上海市松江区泗泾第八幼儿园　杨萌

他总是不守规则

案例描述

恩恩在班级里一直是被告状的对象,因为他总是不守规则,小伙伴都不喜欢他。

镜头一:

在玩"123木头人"这个游戏时,喊口令者说完转身的时候,其他幼儿就要保持静止,要是动了就表示输了。可是恩恩在听到口令之后还会继续往前走,或者在原地有一些动作,不遵守规则,导致游戏无法进行。

镜头二:

在"网鱼"这个体育游戏中,幼儿需要手牵手合作,一起做"渔网"去网其他的"鱼"。如果在游戏进行的时候,有的幼儿放开了同伴的手,就违反了游戏规则。恩恩没有很强的规则意识:做"鱼"的时候,不论是不是被网住,都喜欢到处乱窜;而如果让他做"渔网",他又时不时松手跑到别的地方去玩。

镜头三:

在一次体育游戏中,教师创设了"小青蛙搬家"的游戏情境,让幼儿双膝夹球，起跳后双脚同时落地。随着音乐，幼儿一个接一个地跳过障碍物，等前一个幼儿跳到第二个障碍物时，后一个幼儿再出发。

游戏开始后，恩恩的球掉到了地上，他捡起来后直接用手拿着球继续向前跳。教师看见了提醒他把球用双膝夹好，恩恩重新把球夹好继续往前跳；可是等球再一次掉落之后，恩恩还是继续用手拿球，引起了其他幼儿的不满。

镜头四：

在区域游戏中，每个活动区有规定的进入人数，幼儿选择了一个活动区后不能因为自己意愿的改变而随意变换区域，不能大声喧哗、打扰别人，要爱惜材料和工具，等等。在听到游戏结束的指令后，幼儿要立即停止游戏，并收拾整理玩具、材料。而恩恩在区域游戏中，会不顾规则跑到别的活动区去玩，有时还会与别人发生争执抢东西，大喊大叫。

案例分析

游戏作为一种独特的学习方式，对幼儿的学习与发展起着重要的作用。游戏有益幼儿的身心健康，能促进幼儿情感、智力和社会交往能力的发展。

游戏是幼儿的基本活动，其本质特征具有规则性。游戏的规则需要被遵守，才能完成游戏任务，并提高游戏的趣味性。规则的制定是为了让游戏更加有序地、有效地进行，而在一些游戏过程中，有的幼儿能够很好地遵守规则，有的幼儿则不能够按照游戏的规则执行，影响游戏的进行。要提高幼儿对规则的遵守，一是要让幼儿对规则产生认同感，二是要发挥教师的作用，三是通过游戏情境的作用，让幼儿约束自己的行为。

应对方法

1. 遵循幼儿身心发展水平,创设游戏情境

培养幼儿对游戏规则的遵守意识,需要调动幼儿的各项身体机能,强化幼儿对规则的认识。如果游戏的规则不符合幼儿身心发展水平,幼儿就可能违反游戏规则。

学前幼儿的思维主要特点是具体形象性,这是在直觉行动思维的基础上演化而来的,需要借助客体来进行想象。幼儿的认知水平有限,不能完全理解游戏规则的含义,有时候会做出违反规则的行为。

当幼儿出现对游戏活动丧失兴趣的情况时,他的注意力转移到其他事物上,不再关注游戏的进行;规则也就对他没有了约束力,他就会随自己的意愿做其他的事。当幼儿的注意力被同伴转移或是沉浸在某一特定游戏动作中时,他注意的重点就不在游戏本身,而是在同伴或是那个特定的游戏动作上,从而导致了他对规则的忽略,做出了违反规则的行为。

所以,规则的制定需遵循幼儿身心发展水平,要具有一定的趣味性,才能够吸引幼儿的注意力。规则是为游戏服务的,规则的制定要符合幼儿身心的特点,要简明、准确,让幼儿容易理解。

另外,教师要注意创设良好的游戏情境,为幼儿做好充足的游戏准备。寻找合适的场地,让幼儿有足够的时间和空间进行游戏;在游戏中张贴游戏规则标识,提醒幼儿遵守规则。在开始一个新的游戏之前,教师要以简明生动的语言、适当的示范,帮助幼儿学会游戏的玩法,掌握游戏的规则。

2. 增强幼儿的体验感,让幼儿参与规则的制定

有时候,幼儿不遵守规则是因为他们不了解规则带来的好处和便利。教师应该多提供机会,让幼儿体验有规则的约束给他们带来的安全感和归属感,这样他们才会更加认同规则存在的必要。

在制定规则的时候，可以让幼儿参与其中。比如针对角色游戏中的规则制定，可以向幼儿提问："我们在玩角色游戏的时候哪些应该做，哪些不该做呢？"幼儿就会说：在银行取钱应该排队、在餐厅用餐要付钱、游戏结束后要把玩具收拾好，不能大声吵闹、不能追逐打闹、不能抢别人玩具等。或是让幼儿体验后再制定规则，比如在体育游戏中，要走过一条直线，没有规则的约定，幼儿很容易发生碰撞；让幼儿发现问题，从而提出一个接一个地走的规则。

3. 尊重幼儿个体差异，正确对待违反规则的行为

每个幼儿都是独立的个体，我们不能用同一个标准去要求全体幼儿，要考虑他们自身的情况，满足他们的需要。幼儿自控行为的表现除了受环境教育因素的影响以外，还跟遗传因素有关。对于违反了规则的幼儿不能采用威胁、谩骂的行为，要用积极的态度对待，让幼儿在有安全感的师生交往中逐渐增强对规则的遵守意识。

4. 采取榜样示范的方法

幼儿很容易出现从众的行为，教师可以让做得好的幼儿充当榜样的角色。当游戏中的一些幼儿没有遵守规则时，教师可以对遵守了游戏规则的幼儿进行表扬；其他幼儿为了也能得到表扬就会跟着模仿，进而在游戏中约束自己的行为。

5. 师幼共同评价游戏

让幼儿谈一谈自己和别人做得好与不好的方面都有哪些，让幼儿在评价自己的过程中，意识到自己的不足；在分析他人的时候也侧面提醒教育了自己，从而提高遵守规则的自觉性。最后教师进行小结，以正面评价为主，然后适当地指出幼儿做得不对的地方，让他们注意改正。

重庆市沙坪坝区南开小学幼儿园　牟方园

我不咬人了

案例描述

轩轩语言表达能力发展得很好,做错事情被批评教育时,总能说出各种理由为自己辩解。比如妈妈问他:"轩轩,今天怎么又不睡觉了?"轩轩就说:"我的眼睛不让我睡觉。"轩轩妈妈时常跟老师反映:"轩轩总有自己的理由,这嘴巴真厉害。"

轩轩在幼儿园集体活动中与同伴相处时,会阶段性出现咬同伴的情况,每次咬人后也会为自己找理由辩解。如:咬了旁边的同伴说是"我让他不要说话他不听",咬了后面的同伴说是"他挤我"……

每次和轩轩谈心时,他都会强调自己的理由,但对于老师的建议,他还是表示接受。只是刚说完没过多久又会出现咬人的现象。

案例分析

经过与家长的交谈和长时间的观察,对轩轩养成这种行为习惯的原因分析如下:

1. 幼儿是非观念不强

轩轩的爸爸长期出差，妈妈全职照顾他；轩轩小时候体质差，在他第一次与小朋友发生冲突而咬人时，妈妈只是批评了轩轩，却没有告诉他该怎么应对这样的情况。一连发生几次后，轩轩的是非观念产生了偏差，认为咬人没关系，咬人是有正当理由的，只要道歉就可以了。

2. 家长的教养方式极端化

轩轩邻居家的孩子也有咬人现象，轩轩几次被咬后，外公生气了，和轩轩说："以后他们咬你，你也咬他们，不要老是吃亏。"这样会不断强化幼儿用以暴制暴的方式解决问题。

而轩轩爸爸对轩轩采取"放养"的方式进行教育，在家里轩轩想做什么就做什么，而轩轩一旦犯错就罚站甚至被关在门外。轩轩发生了攻击性行为时，爸爸询问原因，轩轩说出自己的辩解理由后事情就算翻篇了。对于轩轩的理由，爸爸不给出自己的分析和建议，没有真正指导轩轩遇到问题如何与同伴协商解决。

3. 教师的指导缺乏前瞻性

对于轩轩的攻击性行为，教师每次都是等听到被咬小朋友的哭声后，才被动地介入处理，并且都只针对这一次攻击性行为，"就事论事"地批评，没有进一步地指导教育。久而久之，轩轩觉得只要道歉了咬人也没关系。

应对方法

1. 缓解焦虑树自信

轩轩咬人频繁的那段时间，家长焦虑的同时也把这个消极情绪带给了轩轩。家长的焦虑、老师的关注、同伴的远离让轩轩压力很大，反而促使轩轩咬人的行为更加频繁。

为了缓解轩轩的焦虑，教师的处理措施应正强化，避免负强化：日常生活中不过分关注轩轩，发现轩轩好的地方及时进行鼓励强化，创设一个温馨的班级氛围，让轩轩觉得在幼儿园很快乐，没压力。此外，还可通过及时反馈轩轩的进步，建立家长对轩轩的育儿的自信，相信轩轩会在大家的帮助下慢慢成长。

2. 授予技能学交往

轩轩其实不是不想改，而是不知道怎么改。有时一着急就管不住自己了，轩轩也很难过，也担心没有朋友。因此，在处理轩轩咬人行为时，教师不仅要有正确的方法，更要让幼儿掌握与同伴交往的技能、方法等。

比如，要让轩轩掌握日常生活中如何与同伴友好相处及正确表达自我，如果控制不住又咬人了，该如何做可以让同伴得到安慰，自己也能改进行为。

3. 同伴互助获肯定

尽管轩轩经常咬人，但他也有自己要好的朋友。牛牛是轩轩最好的朋友，轩轩很听牛牛的话；牛牛每次都像一个小姐姐一样告诉轩轩要怎么样，轩轩都点头。而牛牛又有很多其他的好朋友，可以让牛牛带着轩轩一起活动、游戏等，帮助轩轩融入大家的圈子，逐渐被接纳。

比如让轩轩看到好朋友是怎么和其他幼儿相处的，通过观察与学习，明白哪些方式能获得大家的肯定，哪些不适合的方式需要改正等。当轩轩在同伴的帮助下，用正确的方式与大家交往时，其他幼儿也会真诚地接纳轩轩。当轩轩被大家肯定时，就能获得被集体接纳的快乐。

4. 持续关注防反复

对于轩轩阶段性出现的咬人行为，教师除了看到咬人现象反复出现，更要跟进应对策略来预防反复现象。

（1）持续关注轩轩的行为。观察轩轩"不咬人时"是如何与同伴交往，获得了什么样的体验，强化其正确与同伴交往的方法、技能；

"咬人时"又是遇到了什么情况,是缺少什么交往技能而导致的,教师要及时跟进策略。

一段时间下来,对轩轩在哪些环节会出现焦虑伴随咬人、和哪些小朋友交往时更容易出现咬人行为、咬人前的一些特征表现等有一定的了解后,教师可以有意识地选择一些同伴冲突的照片、视频,让轩轩针对资料上的内容进行分析讲述。

幼儿在心平气和尤其是看他人的冲突时,都能冷静地思考。教师的鼓励可以让轩轩觉得自己是可以找到合适的方法来处理问题的,以大大提高轩轩与同伴交流的信心。

(2)持续关注家长的言行。家长要一直积极地鼓励轩轩,遇到问题时少责备多支招,优化家长的教育观念和教养方式等。

(3)持续关注同伴的态度。明确轩轩是班级的一员,大家都要接纳他,当轩轩有进步时要真诚地鼓励;当出现交往问题时多些宽容,给些修正的时间。

同伴是最好的教育资源,因为好朋友时时刻刻在自己关注的范围内,教师正好可以利用这一点,让轩轩的好朋友发挥同伴榜样作用,并时刻提醒轩轩控制自己。好朋友的建议,幼儿更愿意接受。教师适当放手,让幼儿以自己的方式去解决问题,也许会有意想不到的效果。

5. 注重家长配合与引导

邀请家长来幼儿园进行面谈,告诉家长幼儿真实的表现。向家长描述幼儿在咬人时遇到的具体情境,以及教师的处理方法等,让家长也重视幼儿的咬人行为。

针对长辈溺爱幼儿的情况,爸爸妈妈首先要传递正确的观念给爷爷奶奶,同时自己也要多陪陪孩子;在幼儿咬人行为发生时及时采取措施,帮助幼儿建立是非观念,学会正确与同伴相处的方法。

针对父母放养的教养方式,通过每天布置简单任务来促进亲子交流。可以邀请父母参加幼儿园的各项活动,通过学习班内其他家长的经验,来反思改进自己的教育方式。

6. 教师处理要及时

当咬人事件已经发生了，教师首先要及时处理。教师正确的处理方式也是对幼儿的一种积极暗示。先确定被咬幼儿是否有受伤，如果严重马上送医务室进行消毒等，做好被咬伤幼儿的安抚工作。处理完伤口后，可以让当事人讲述事件的整个过程，教师从中进行引导教育。

像轩轩这样的幼儿，需要教师更多的关心、爱心和耐心。改正一个错误行为，也许比养成这个行为习惯要耗费更久的时间。在与轩轩的互动中，教师一定要放慢脚步、放低要求。但放慢脚步不等于止步不前，我们还是要根据轩轩的表现，不断地提出比上一次高一点的要求。让幼儿在达成目标的过程中，不断树立自信心。

浙江省海宁市实验幼儿园教育集团长水幼儿园　王娟

一个转园生的微笑

案例描述

新学期开始了,小朋友们不知不觉中已长成了中班的"小哥哥""小姐姐"。今年,我们班也增加了新的一分子——美美。初见美美,觉得她是个谨慎的孩子,不哭不闹,上课认真听讲。但是过了一段时间,接二连三的问题随之出现。比如在一次活动中,就出现了这样的场景:

师:美美,我们要开始做游戏了,你快去找你的好朋友。

美美:我没有朋友。

师:坐在你旁边的顺顺不是你的朋友吗?

美美:不是。

师:谁是美美的好朋友呀,快去拉她的手。

这时,有两个幼儿主动走过去拉美美的手,美美只是勉强地拉着,不情愿地动了两下,然后又回到了自己的座位上。

接下去的一段时间,小朋友们玩耍,美美都不参与;同他人的交流也仅限于和老师之间,基本上不与同伴互动,喜欢独自一个人玩耍。但是当妈妈来接她时,她又表现得很热情,拉着妈妈和老师聊天。

案例分析

美美缺乏归属感，交往不自信。她是个转园生，从一个环境换到另一个环境中，老师和朋友都发生了变化，再加上搬新家，环境的变化造成了她心里的局促感，导致在幼儿园有些不合群。

在心理上，美美觉得自己是插班生，不属于这个班级，是个外来分子。由于缺乏归属感，带有轻微的社会退缩性，导致她在收到其他幼儿的邀请时，会出现躲避行为。但与之矛盾的是，当妈妈来接她的时候，她又会主动和老师交流，这反映出美美内心是渴望和他人沟通交流的，只是缺乏勇气。

应对方法

1. 走进家庭

家庭是孩子成长的第一个环境，幼儿大部分的时间都是在家庭中度过的。因此，对于幼儿的教育，教师要赢得家长的信任与支持。

刚开始与家长交流的时候，家长并不能理解教师的良苦用心，有时甚至会反感：为什么老师总是反映孩子那么多问题？难道我的孩子没有优点吗？

为了消除家长的抵触心理，教师应主动与家长沟通，定期反馈幼儿在园的表现，让家长放心；并耐心地向家长解释，幼儿教育应该是家园密切合作，这样才能够更好地掌握幼儿的心理，才能够更好地对症下药。

经过一段时间的交流，美美的妈妈渐渐开始支持教师的工作，双方内心的隔阂逐渐消除，从最初的怀疑转变为支持与配合。

2. 走进生活

幼儿园是幼儿生活场景的重要组成部分，教师要为幼儿提供一个宽松的环境，帮助幼儿减轻压力，消除局促感，让幼儿做班级的主人，融入大家庭中。针对美美的情况，教师应给予她生活上的关怀。

在园里，教师始终以关怀、接纳的积极态度与美美交往，给她情感上的抚慰，让她感受到温暖，以逐渐形成安全、温馨的心理环境。平时教师会经常摸摸她的头，拍拍她的肩膀，让她感受到教师的关怀。在热闹的游戏氛围中，教师还会邀请她与同伴一起玩，鼓励她接受同伴的邀请；尽量尊重她的意愿，在没有抗拒的情况下还要求她主动参与。这样可以让美美在心理上有个缓冲，逐步适应新环境。

3. 走进心灵

问题的解决最后还是要落实到幼儿自己身上，读懂了幼儿的心理才能从根本上解决这个问题。

(1) 强化法，建立交往自信

每天把幼儿园发生的事情告知家长，让家长和美美聊一聊幼儿园有趣的事和有趣的人，把朋友发生的故事记录下来。留意美美的交往同伴，鼓励同伴邀请美美一同加入游戏。

(2) 展示法，提供表现平台

我们应该为每个幼儿提供表现自己长处和获得成功的机会，增强其自尊心和自信心，而集体活动就是锻炼幼儿最佳的时机。在集体活动时，可以给美美创设一些表现和展示自我的机会。

比如，在一次小小歌唱家的活动中，为了鼓励美美参加表演，教师先让几位小朋友陪她一起上台，然后再让她请最要好的朋友一起上台表演，最后逐步过渡到美美独自表演。美美能自己一个人上台展示，得到了小伙伴和教师的夸奖，增强了她的表现欲和自信心。

现在的美美不仅有了自己的好朋友，还能够自信快乐地微笑。通过这个案例，我们可以看出家园合作一致的重要性，教师和家长都应该做个有心人，注重创设一个良好、和谐的情感环境，要善于发现幼儿的"闪光点"，培养他们的自信，给予每个孩子关怀和爱。

浙江省宁波市第一幼儿园　乌建波

生活习惯

 **不爱吃蔬菜的桓桓**

案例描述

桓桓平时不爱吃蔬菜,每次在家吃饭,家长为此都要费尽力气。一天早上,桓桓的妈妈又向老师说起这件事,于是老师决定想个办法,帮忙解决桓桓不爱吃蔬菜这个难题。

中午吃饭时,桓桓端着饭碗吃了几口米饭,把肉都吃掉后,青菜一口也没吃。

老师看到后说:"呵,桓桓真棒,都大口吃菜了!"

旁边的佳佳听到了就说:"我也能大口吃菜。"

"我也能,老师你看!"幼儿们纷纷应和着。

桓桓听完,就赶紧跟着吃了几口青菜,可还是剩了小部分没吃完。

老师于是及时表扬桓桓:"你真棒,吃了这么多蔬菜,比小兔子还棒!"

桓桓点点头,把汤里的蘑菇、菠菜很快吃完了。

本以为这是好的开始,但后来再用同样的方法鼓励桓桓吃蔬菜,效果就不太好了。

案例分析

幼儿有挑食的情况出现，教师首先要理解，然后再慢慢纠正。千万不能直接严厉批评，以免幼儿一到进餐时候就心里紧张，更加影响用餐。

就餐是幼儿园一日活动中的重要生活环节，它能反映一个幼儿最基本的生活自理能力和卫生习惯。《纲要》指出，幼儿园健康教育应"树立正确的健康观念，在重视幼儿身体健康的同时，要高度重视幼儿的心理健康"。由此可见，幼儿健康教育已将身体健康和心理健康放到同等的位置。为此，作为教育工作者，我们应当将这种身心和谐发展的健康教育观渗透到幼儿一日活动的各个场景之中。

幼儿进餐习惯的培养不是一朝一夕就能完成的，而是一个长期的、循序渐进的过程。幼儿园和家庭要共同努力，为幼儿营造一个有利于其养成良好生活习惯的氛围，不断提升幼儿的健康水平。

应对方法

1. 不良习惯纠正

生活中很多幼儿都存在挑食、偏食、厌食等情况。虽然这些不良习惯很多是幼儿生理本能的反应，但是通过后天的纠正是可以逐渐改善的。教师不要因此而责骂幼儿，这样会影响幼儿的情绪，大大降低幼儿的食欲。教师要学会正确细心地引导、提醒和监督，或者通过开展评比等形式，循序渐进地纠正不良习惯。

2. 食谱妙解"尝菜"

可以通过儿歌、猜谜、故事等各种形式，进行生动有趣的报菜谱游戏，吸引幼儿的注意力。教师和幼儿一起说说食物的营养与味道，增强幼儿的食欲。如盛着美味午餐的小车推进教室后，教师可以故作好奇地打量一下饭菜，顺便一一介绍，并拿起勺子亲自尝一下，做出夸张的表情，"今天的青椒牛肉实在是太好吃了，谁想来尝尝？"把幼儿的积极性调动起来后，可以引导平时不爱吃青椒的幼儿尝一尝。通过"尝菜"活动，既可以激发所有幼儿的食欲，也可以减少挑食现象，增强幼儿克服挑食后的自豪感。

3. 及时发现激励

对于用餐习惯良好和在用餐行为方面有进步的幼儿，教师可以奖励他们小红花，这对幼儿会有很好的激励效果。为让幼儿自觉调整用餐时间，可以对幼儿进行必要的提醒，这样幼儿的时间观念得到了增强，进餐的速度也会有明显改善。一段时间以后，可以改变一下奖励的方式，比如：谁用餐时表现得好，就给谁一个拥抱。

4. 家园协作配合

为了做到家园协力，共同培养幼儿良好的就餐习惯，可以通过"告家长书""家长园地"等联系交流方式向家长介绍培养幼儿就餐习惯的相关知识，向家长宣传从小养成幼儿良好生活习惯的重要性。同时，让家长了解需要其配合的事项，家园配合共同提高幼儿的生活能力，使幼儿养成良好的就餐习惯。

江苏省常州市新北区魏村中心幼儿园　唐玮

进餐"交响曲"

案例描述

早上7点30分,乔乔的妈妈把乔乔送到幼儿园。乔乔和妈妈再见后,就投入地和老师玩起了"老狼老狼几点了"的游戏,在玩游戏的过程中,乔乔非常开心。

不一会儿,吃早饭的时间到了。幼儿们在餐桌前坐好,大家都在吃饭,乔乔两眼看着碗里的面条默默地流着眼泪。

"宝贝,怎么了?"教师过来轻轻地问。

"她不吃饭,就哭了。"乔乔邻座的依依回答。

"宝贝,不吃饭,肚子要饿的,还会没有力气,怎么和小朋友做游戏呀?"教师鼓励乔乔吃饭。

"不吃!"乔乔闭着眼睛,坚定地回答。

"多吃饭,身体才能长得高哦。吃一点,好吗?"教师继续鼓励。

"我不吃!我不喜欢吃面条。"乔乔又一次拒绝。

"那今天我们把饭吃掉一半,行吗?"教师不放弃。

乔乔点点头勉强答应,但是只吃了一点点。

案例分析

随着生活水平的不断提高，家长对幼儿的宠爱，使不少幼儿养成了不良的饮食习惯。幼儿期是人身心发展尤其是大脑结构和机能发展最为旺盛的时期，更是各种习惯形成的关键期。幼儿期各种良好习惯的养成对人的一生影响巨大，这是由这个时期的心理特点所决定的。这一时期一旦养成良好的生活、学习习惯，能让幼儿终身受益。

幼儿正处于生长发育的高峰期，但是许多幼儿存在着不良的挑食偏食习惯，这直接影响到幼儿的身心健康。为了促进幼儿身心健康发展，养成一个健康合理的饮食习惯至关重要。

案例中的乔乔不喜欢吃面条，就是挑食的一种情况。通过"讨价还价"，利用了减半的方法，给乔乔减轻了吃饭的压力，乔乔勉强吃了一些，这看似有效的方法，终归不是长久之计。

应对方法

1. 创设情境

在园吃饭时，乔乔挑食现象较严重，经常是遇上不喜欢的饭菜，便开始发呆。教师可以尝试创设情境，来吸引幼儿。比如一次吃芹菜烧肉，乔乔不喜欢吃芹菜。教师模仿小兔子进食的方法引导乔乔进食，乔乔开始拿起勺子，把一根很小的芹菜放到嘴里，可过了大约30秒又吐了出来。

"老师，我咬不动，一点都不好吃。"

"小白兔吃菜的时候，牙齿一直嚼，青菜就会特别的香。学学小白兔，试一试！"

乔乔开始使劲地嚼，嚼碎了学着教师的样子使劲地咽。

一次两次，饭食进展得很快。

"我是小兔子！"乔乔笑笑，边嚼边说。

另外，在用餐前可以让幼儿听一听欢快的歌曲，营造轻松愉快的气氛。创设轻松愉快的进餐环境，在幼儿进餐时，再加入一些轻松、活泼的语言，将吃饭方式变得有趣，这样能激发幼儿吃饭的欲望。

2. 规律进餐

幼儿期是孩子生长发育的关键期，平衡的膳食、合理的营养是保证幼儿健康成长的重要物质基础；而良好的进餐习惯能促进幼儿身心的健康成长，从小培养幼儿良好的进餐习惯，对幼儿的健康成长具有十分重要的意义。

（1）饭前参与法

在幼儿期，幼儿就餐习惯的可塑性较强；培养他们良好的就餐习惯，及时纠正不良饮食习惯，是家庭教育和幼儿园教育的一项重要任务。可以让幼儿做一些在餐前摆好餐具、餐后收拾餐具等力所能及的杂事，这样既减轻教师或家长的负担，又能使幼儿有一种参与感和存在感，增强他们的自信心和荣誉感。

（2）合理添加食物

教师在分发幼儿食物时，要根据班级幼儿自身的特点，本着以人为本的理念，给幼儿添加不同数量的饭菜。对个别生病的、食欲不好的、身体素质较弱的幼儿，给予分类的照顾和帮助。

（3）教师以身作则、科学进餐

幼儿的行为容易受到周围同伴和成人的影响，因此在进餐时，教师应该发挥表率作用，通过成人行为的示范和语言的鼓励，引导幼儿科学进餐。

（4）采用多种教育手段

利用情景辨析法、探索试验法、角色参与法、强化巩固法、表扬鼓励法等手段，在实践过程中创造性地将这些方法贯穿运用在幼儿一日活动的各个环节中，让幼儿在一日活动中巩固文明的用餐习惯，规律进餐。长此以往，幼儿养成规律进餐习惯，吃饭便会变得轻松。

近段时间，乔乔每天来上幼儿园都很高兴。进餐时，教师为幼儿分好了饭菜，开始准备餐前活动。乔乔的情绪很好，和小朋友依次入厕洗手，最后在餐桌前坐好。

"请吃早饭！"教师的口令一下，幼儿们就开始吃饭。

乔乔今天没有看着饭菜发呆，和小朋友一样咬一口蛋糕，吃一口鸡肝，再喝一口米饭，看上去吃得很香。

"老师，我还要菜。"乔乔的声音吸引了教师的注意力，乔乔要求添饭，太意外了。

乔乔各方面都开始变得规律，正在逐渐改掉不良的饮食习惯；而教师的鼓励、表扬，也让乔乔更自信。

3. 游戏引导

游戏是幼儿的"第二生命"。每当进行区域游戏时，幼儿就会忘我地投入其中。幼儿喜欢游戏，就是因为沉迷于想象的情景，把自己代入游戏中的角色。成人可以因势利导，自然而然地引导幼儿养成良好的行为习惯。比如可以借助游戏来引导乔乔知道不挑食的好处。

区域游戏时，乔乔玩游戏很投入。今天她在"娃娃家"扮演妈妈，时不时催促同伴："你快点，我的宝宝饿了，我给她准备了很多吃的，该喂她了。"

教师趁机问："你给宝宝准备了什么好吃的？"

"有米饭、鸡蛋炒西红柿，还有小白菜……"

"这么多好吃的，你的宝宝一定吃得很香。"教师有意识地引导。

"是！"乔乔天真快乐地回答。

"你的宝宝不挑食吗？"

"我的宝宝不挑食，长得快。"乔乔得意地说。

4. 家园共育

幼儿园要积极主动地争取家长的配合，使家园教育一致，共同促进幼儿的健康发展。教师应多与家长沟通，坚持一致性的原则，多方面关注幼儿的饮食表现，不宠不惯幼儿。教师要经常与家长沟通交流幼儿在家与在园进餐的情况，家园紧密合作，最终让幼儿不再厌食、挑食与偏食。

教师还可建议家长在家中与幼儿一起吃饭时，适时以简明的方式告诉幼儿一些有关食物与营养的知识，保证早、中、晚三餐的正常饮食，帮助幼儿养成规律进食、少吃零食的好习惯。

山东省滨州市滨城区市东街道中心幼儿园　贾芬芬

不做肥胖小孩

案例描述

诚诚是班里的"胖小孩",小小的年纪,胖胖的身体,动作很不灵活。通过家园互动了解到,诚诚在家总是爱吃零食、喝碳酸饮料,不爱吃饭也不爱喝开水。在幼儿园不能吃零食了,吃饭的时候就挑食,只吃自己爱吃的食物,不爱吃的东西则不碰。

户外运动时,教师带着小朋友们在操场上跑圈,诚诚跑在队伍前面,不一会儿,他就气喘吁吁地落在了队伍后面,接着就不愿意继续跟着跑了。只见他小脸憋得通红,还蹲在地上边哭边说:"我好难受,不能呼吸啦。"

还有一次,幼儿学习拍皮球,小朋友们拿到球后,都在原地练习拍球的动作。诚诚由于体形胖,弯不下腰,只得直立着身体练习拍球。只见他缓缓地挪动着身体,速度不是很快,但球还时常拍离自己,不能很好的控制球的方向。球滚到了一旁,诚诚慢慢地走过去捡球,时不时地张望着其他小朋友的活动情况;捡到球后,重新尝试,可球还是"不听话",诚诚就逐渐失去了信心,索性抱着球看着其他同伴玩。

案例分析

幼儿偏食、挑食等现象较为普遍,如何才能让幼儿养成良好的生活习惯是每一个学龄前教育工作者所共同关心的问题。随着社会生活水平的不断提升,肥胖儿童的比例正处于上升趋势,导致儿童肥胖的原因包括饮食结构的不合理和饮食习惯的不正确。

肥胖对儿童身体是存在一些危害的,它主要表现在以下两个方面:

第一,降低免疫力。如果发胖了就会变得懒懒的,不喜欢运动也不喜欢和别的幼儿玩,不做运动锻炼,幼儿身体的免疫力就会降低,容易诱发各种疾病。

第二,影响自信心。幼儿发胖后,在和同伴一起玩耍时因肥胖导致身体的灵活性降低,容易被伙伴取笑和嫌弃,从而生出自卑感。

学龄前阶段是幼儿认知力、价值观形成的萌芽阶段,幼儿园开展以营养健康为目标的食育教育活动,不仅有助于幼儿掌握一定的营养健康知识,培养良好饮食习惯;还有助于增进幼儿文化礼仪素养,养成良好餐桌礼仪。

应对方法

1. 开展食育教育活动

在学龄前教育中广泛开展食育教育,能够让幼儿懂得哪些食物有利于健康,要尽量多吃,不可挑食;哪些食物是垃圾食品,应该少吃或者不吃。让幼儿形成一套正确的饮食习惯标准,从根源上解决无节制暴饮暴食、贪恋垃圾食品以及吃饭挑食等问题。

开展食育教育活动,要做到目标突出。可以在幼儿园中开辟建设种植园区,不断丰富有关食育教育的课程内容,形成以食育活动为抓手的各领域相互串联的有机整体。比如,在美术活动中,开展食物大拼盘活动，让幼儿在掌握各种食物形态的基础上，从美感上对各种颜色、形状、造型的食物进行搭配，在培养幼儿美术能力的同时，增强对食物的理解和认识。又如在开展体育活动时，让幼儿参与种植活动，培养他们爱劳动的良好习惯；同时，通过对不同种植工具的操作，进一步锻炼幼儿身体动作的协调能力，促使精细小动作发展得更加娴熟、流畅。另外，还可通过智育活动，教会幼儿了解植物的生长原理，分辨不同植物的特征，激发幼儿对科学的兴趣。

在打造以营养健康为目标的食育教育活动时，可以通过将有关"食"的活动贯穿于幼儿的一日生活来实现。幼儿具有直接感知能力强、活泼好动等特点，可以充分结合幼儿的特点制订相关计划。如"种植和观察木耳"体验活动，通过实时记录木耳的成长阶段、形状颜色等，让幼儿对木耳产生兴趣，了解它的营养价值、生长方式。又如"番薯乐翻天"活动，通过亲身体验的形式，让幼儿学会如何正确使用工具进行挖薯活动，感知红薯是光滑还是粗糙等；告诉幼儿什么样的食物有较多的膳食纤维，最终达到改善幼儿自身膳食结构的目的。

2. 依托食育游戏促进习惯养成

根据不同年龄段幼儿的性格、能力和认知结构，差异化地组合安排食育游戏，让幼儿在互补中完成食育游戏，培养幼儿互助和创新能力。在设计食育游戏时，可以先让幼儿自行拟定食育游戏的规则和游戏内容，有意识地让幼儿主动学习食育知识，在不断地讨论中和老师的适当支持下，确定食育游戏主题、内容和规则。

比如，幼儿喜欢搭建"食物营养宝塔"，"宝塔"根据不同的颜色、每餐的搭配进行排列组合，不同的组合背后标记着不同的用途。幼儿根据平时的食谱进行搭建，规定时间内搭建得最快、最好者获胜。这种与食育营养相关的游戏能够让幼儿在潜移默化中形成正确的餐饮习惯。

3. 培训教师掌握食育知识和技能

就目前来说，幼儿园中负责营养膳食和卫生保健的人员多是炊事员、保健医和保育员这三大类型的人员,他们不直接从事教育教学活动,无法将现有的经验转化为食育教育内容。针对幼儿园教师队伍对营养知识的掌握程度普遍较低的情况,应开展以提升营养食育活动为目标的教师专项知识技能培训。

在培训中,让炊事员、保健医、保育员与专任教师充分交流,一方面可以弥补专任教师食育知识和技能方面的不足;另一方面可以充分调动炊事员、保健医和保育员对食育教育的积极性,让他们参与具体教学活动,通过集思广益的形式,形成强大的教育工作合力,帮助幼儿养成良好的营养观念、饮食习惯。

中国人民解放军海军机关幼儿园　李梦玲

他又尿裤子了

案例描述

九月开学季，小班的幼儿迎来了人生第一次的集体生活，可分离焦虑总会困扰着大部分的新生和第一次当家长的父母。孩子哭着拉着妈妈的手，不让离开；妈妈含着眼泪看着孩子，不舍离去。

在新集体里，幼儿的哭泣、絮叨，总是萦绕耳畔，在一日生活各环节中还总会有"惊喜"——尿裤子。有的幼儿哭着哭着就尿裤子了，有的幼儿睡着睡着就尿床了，经常会听到小朋友说："老师，他又尿床了。"

小白刚满三周岁，说话发音还带着奶音，是个奶萌的小男孩。虽然有些奶气，但是身上也有很多发光发亮的地方：早晨入园，有礼貌地向老师问候；餐点时间，认真地吃完每一碗饭；集体游戏时，和同伴积极互动；上课时，能随老师一起思考。总之，是个聪明、能干的小男孩。

第一天午睡后起床，小白传来清脆的奶音："老师，我尿床了。"

果然，小白的床上有一张"地图"。

小班幼儿因年龄特点会尿床是正常现象，这并没有引起教师的重视。但在接下来的两天里，每天午睡后，"地图"都会如约而至。

小白的"不寻常"引起了教师的关注。于是，在午睡前，教师会督促他解便后上床；睡觉期间，会把他叫起来解小便。可"地图"像被施了咒语一样，每天都不"缺席"。

案例分析

小白是个身体健康的孩子，家长反映小白没有任何关于泌尿系统的疾病。小白频频尿裤子、尿床，可能是心理上的原因，以及一些外在的客观因素（饮食习惯、如厕习惯等）导致的。

尿床这一现象在幼儿期比较常见，这是由幼儿的生理特征决定的。小白今年3岁，因年龄小，大脑神经还没有发育完全，在睡梦中无法感知尿意导致尿床。而每次尿量大，也可能是因为小白的膀胱还在发育中，容量较小，小白的心理和生理状况都还没有完全为其做好自己如厕的准备。所以，作为小白的启蒙老师，我们开始了一系列的"拯救床单"的"尿点"计划。

应对方法

教师和小白的妈妈进行了沟通，了解到小白小便频率高，但身体健康。在家睡觉前，家长不让小白饮水，还会给小白用上尿不湿。结合小白的实际情况，教师为小白制定了"尿点"计划，即在小白午睡时，掌握其尿尿的时间点进行提醒解便，防止遗尿产生。在接下来的一周，进行试验。

"尿点"计划第一天。小白上午饮食饮水正常，11点以后饮水减少甚至停止，午餐正常饮食。幼儿园午睡时间是12点整至14点30分。12点整解便后上床午睡，由于刚喝汤之后，尿点会提前，教师将尿点定在12点30分左右。"尿点"一到，教师把被子掀开一看，没有遗尿，顿时心里欢呼，满满的成就感。午睡结束时，教师和搭班老师正在交流心得，又听见了"老师，小白又尿床了"……第一天的计划失败了。

"尿点"计划第二天。这一天增加了一次尿点。依然是正常饮水，正常饮食。便后入睡，12点30分左右为第一次"尿点"，13点20分左右为第二次"尿点"，定时解便。这次虽然有所改进，但老师有些担心的是，睡觉期间多次叫起幼儿解便是否会影响睡眠质量。经过这次的试验，小白没有再尿床，依然能够安然入睡。这次，成功了！

"尿点"计划第三天，计划如前，成功！

"尿点"计划第四天，依然如同前一天，午睡定时解便两次，可是小白又尿床了！回顾上午的饮食、午睡的"尿点"计划，前思后想，推断午餐进餐过多的含水食物（排骨萝卜汤），食物中含水量多也会增加尿液的分泌。如果进餐时过多食用含水量丰富的食物，在执行"尿点"计划时应酌情考虑，增加尿点或者缩短尿点间隔。

"尿点"计划一直持续进行了一学期，收效很好。放假前，教师将尿点计划告知了小白妈妈，让她在假期中也要掌控尿点，进行严密管控。

通过小白这一案例，我们总结了以下三个策略要点：

1. 心理安抚至关重要

众所周知，情绪是会传染的，教师发现幼儿尿床时，应该表现得镇定、温柔。因为如果教师很紧张，这种紧张的情绪会传染给幼儿，不仅遗尿得不到改善，甚至会产生憋尿、排尿障碍等问题。以柔和的态度代替指责，可以打消幼儿的畏惧情绪，增加幼儿的自信心。另外，在发现幼儿遗尿后，引导其他幼儿正确认识同伴遗尿现象，解除遗尿幼儿的紧张情绪，鼓励他们主动告知解便的想法，从心理层面树立起不再尿床的信心。

2. 合理安排幼儿生活

幼儿一日生活都在幼儿园，所以安排科学的作息时间至关重要。

吃、喝、拉、撒要定时定量，形成规律。尤其是对幼儿上午的饮水以及含水量丰富食物的摄入，要严格管控，为了避免幼儿午睡遗尿，午睡前应避免大量饮水，少食含水食物。

3. 保持家园密切沟通

向家长了解幼儿健康状况和生活习惯，指出幼儿的闪光点的同时也要指出幼儿的缺点，让家长知道幼儿在园的实际情况以及教师采用的策略、方法。家园保持一致，逐步减少尿点间隔，以理解和关爱来减少遗尿现象的发生，促进幼儿的健康成长！

陆军军医大学第二附属医院幼儿园　陈瑶

 **午睡困难户**

案例描述

镜头一：

轩轩是班级里的"午睡困难户"。午睡时间到了，小朋友们都已经躺下，午睡室里已经安静下来。轩轩抬头看了一眼老师，发现老师也在看自己，他立马躺下闭好眼睛；两分钟之后，老师看到轩轩的手臂还在挪动，走过去察看后发现他脱了袜子，在扯袜子上的线。

老师问："轩轩，你不想穿袜子是吗？"

轩轩说："是的。"

老师说："你把袜子放在枕头下，现在要睡觉了。"

轩轩放好袜子，准备重新入睡，这次他把两只小手放在枕头一侧，手指在互相碰一碰地玩游戏。

一分钟后，轩轩停下手指的动作，但眼珠子仍旧转来转去，不肯闭眼去睡。

镜头二：

午睡时间到了，小朋友们都陆续去睡了，轩轩却在玩垫背毯子上的一根绳子。老师对他说："轩轩，该睡觉了，把绳子收起来吧。"

轩轩说:"我不想睡觉,我在家也不喜欢午睡。"

老师说:"不午睡的话,下午玩游戏会没有精神的哦。"

轩轩不情愿地把那根绳子放好不再去碰它,然后爬上床,要老师唱催眠曲。

案例分析

家访时,轩轩妈妈也告诉老师说轩轩的睡觉问题的确让人发愁:不喜欢睡觉,似乎有无穷的精力。"如果他不想睡觉,就让他躺着吧,希望不要打扰到其他小朋友。"这是轩轩妈妈经常说的话。

《指南》也指出,幼儿应能按时睡觉和起床,并能坚持午睡。因此,培养幼儿养成自主午睡的习惯是非常重要的。其实幼儿不喜欢睡午觉的现象,在幼儿园较普遍。幼儿在入睡环节不休息,那么在做什么呢?通过持续观察与调研发现,在入睡环节,幼儿集中出现"玩、看、说、动、小便"等小动作,详见以下表格。

玩	抠鼻子、抠脚、玩被角、玩头发、玩小手等
看	头离开枕头看老师或小朋友
说	嘴巴咕哝着说些什么
动	床上蠕动或者躲在被子里动
小便	去小便2—3次不等

从表格反映的情况可以看出,幼儿在午睡时有很多高频率的行为,例如玩小手、多次去小便等,这些对幼儿的入睡都有不利的影响。

案例中的轩轩,自主入睡的能力弱,有可能是没有掌握入睡的好方法,有时两只小手分开放能够帮助减少一些干扰因素,进而快速入睡;也有可能是因为玩的兴致大于午睡,在不困的情况下,幼儿会觉得无所事事地躺在小床上睡觉是无趣的。

应对方法

1. 家园协作配合

教师应鼓励家长在家让幼儿自己入睡，减少哄睡；睡觉前不看动画片，不带玩具上床。可以策划"家里自己睡"一系列家园合作项目，让家长在幼儿园平台上发布孩子自主入睡的照片或视频，鼓励其他家长来为他留言和点赞，促进交流。

2. 重视教育活动的引导

怎样才能让幼儿自己睡着呢？可以利用绘本《嘘，午安》，组织语言活动，让幼儿通过阅读主人公皮皮的故事，明白一些入睡的好方法：比如睡前准备工作要做好，这样就不会中途去小便了；再比如睡觉时要闭好眼睛，把头放在枕头上，这样能更好地入睡。类似这样的教育活动，可以让小朋友们收获满满，尤其在活动中加入比赛环节，幼儿的积极性将大大提高。

还可以通过谈话活动"午睡有哪些好处"教育幼儿。提前让幼儿进行问卷调查，在谈话活动中幼儿会打开话匣子，有很多想法可说。教师对过程进行记录，把幼儿的答案钉在墙面上，让他们知道午睡是一件很重要的事情。

3. 利用奖励激发动力

午睡没有动力怎么办？"星星榜"来帮忙。幼儿通过良好的午睡习惯获得爱心，收集 5 颗爱心就能兑换一个小徽章。这样的话，幼儿肯定有动力，不喜欢午睡的幼儿也能主动要求自己，养成良好的入睡习惯，午睡时尽快入睡。

上海市松江区泗泾镇中心幼儿园　解丹阳

如厕问题的背后

案例描述

镜头一：

马上要进行"学本领"的活动了，很多小朋友都跑去喝水、小便，为活动做准备。卫生间里，杰杰一边小便一边扭小屁股说："我要画一条长长的蛇。"在扭动小屁股时，有一些尿液滴到了地面上。小便结束后，尿液还没滴干净，杰杰就提上裤子快步走出了洗手间。

镜头二：

豆豆从卫生间里跑出来，跟教师说："老师，女孩子小便的地方，地上有一摊尿。"教师走进去一看，地上果然有尿液的痕迹。经过各种方式的询问，淼淼最后不好意思地承认是她的行为。问其原因时，她说："我很着急出去玩玩具，所以一不小心，没蹲好就尿外面了。"

教师没有过多责备，只是稍稍提醒了一下，请她下次注意。可是到了下午，又有幼儿从卫生间跑出来告状："老师，淼淼又把小便尿到地上啦！"

镜头三：

一天，豆豆和莉莉像往常一样结伴去卫生间，没过多久，淼淼从卫生间出来，大声说："老师，宸宸看女生小便！"

不一会儿，莉莉和豆豆陆续出来，出来后便告诉教师："老师，明明和博博偷看女生小便。"

教师将三位偷看女生小便的男孩子叫到跟前，首先问宸宸："你为什么要偷看女孩子小便呢？"

宸宸很扭捏地回答："我就是想看一看为什么男孩和女孩小便的方式不一样。"

明明和博博也很不好意思的低下头，嘴里呢喃着，也没说出个所以然来。

案例分析

如厕是人类最重要和最频繁的行为之一。1～3岁处于儿童人格发展的"肛门期"，儿童在此阶段进行的卫生训练，不仅有助于其良好卫生习惯的养成，而且会影响后续人格的发展。因此，在幼儿学习过程中，成人的教养方式至关重要。

幼儿入园后的生活环境发生了变化，如厕方式及如厕器具都发生了改变，加上幼儿的大脑神经发育还不完善，如果此前家长对幼儿在如厕方面包办太多，幼儿入园后在心理上容易形成一定的压力。因此，对多数幼儿来说，在园如厕就成为一种挑战，个别幼儿的如厕行为甚至会出现一定程度的倒退。

案例中的杰杰是个想象丰富的幼儿，喜欢赋予生活中各种事物以灵性。用小便作画的方式让人忍俊不禁，爱创造不是错误，但用小便作画确实有点不合适。这也跟幼儿喜欢玩的天性较为符合，同时也反映出杰杰良好的如厕习惯还未养成。

关于幼儿把小便尿到地上，这是在幼儿园时有发生的事情。在如厕时，很多小朋友因为急着出去玩玩具，或者是互相推挤、打闹等原因，导致不小心将小便洒到外面，教师需要采取措施提醒幼儿小便时注意这一问题。

关于男孩偷看女孩小便这一问题，考虑到大班幼儿已经具备性别意识，教师不应把这种现象视为"敏感事件"去回避，而应该予以正确的引导。

应对方法

1. 多管齐下，养成如厕好习惯

大班幼儿对问题已经有了自己的判断，能理解如厕行为与身体健康的关系。因此，教师可以采取"发现问题—讨论后果—制定策略—形成常规"的系列措施，让幼儿自己发现如厕环节中存在的问题，预测行为可能产生的后果，然后集体制订规则，最后举手表决并执行。在执行的过程中，值日小班长应充分履行职责，师幼共同努力，帮助幼儿实现有序、自如地如厕。

此外，可以通过一些典型的教育活动，帮助幼儿了解如厕学问、大小便与饮水进餐及身体健康的关系，并将如厕教育与科学、语言等领域有机融合。还可以在晨谈时与幼儿讨论怎样才能不让尿滴到裤子上，总结出不尿湿裤子的方法等。

2. 环境跟进，促进幼儿自我发展

《纲要》明确指出："环境是重要的教育资源，应通过环境的创设和利用，有效地促进幼儿的发展。"那么究竟什么是幼儿园的环境呢？陈鹤琴先生曾提出："幼儿园环境是儿童所接触的，能给他以刺激的一切物质。"环境创设作为一种"隐形课程"，在开发幼儿智力、促进幼儿个性和谐发展等方面能发挥独特的作用。

在如厕环节，教师可以利用环境的影响，帮助幼儿养成文明、有序的如厕习惯。比如：在女孩子小便的地上，每个蹲位贴有脚印，女孩子只要将自己的小脚踩在脚印上，就能确保不蹲歪，不把尿洒到外面；在男孩子小便池上，可以制作一个靶心，贴在小便池的正中央，

这样男孩子小便时就会有意的瞄准靶心，就能有效防止把尿尿出便池。有些幼儿上厕所时喜欢打闹拥挤，可以制作一些提醒不要打闹、推挤的标志，幼儿看到这些标志，就会自觉地注意，并互相提醒，有效避免因为打闹将小便洒出的现象。对于在小便时还惦记着出去玩游戏的幼儿，可以在卫生间为幼儿准备一些舒缓的音乐，这样能让幼儿放松身心，焦虑的心情能够得到有效的舒缓。

3. 家园共育，共助幼儿健康成长

家园共育，就是在幼儿园和家庭之间、教师和家长之间形成合力。合力，是教师的希望也是幼儿园的目的之一。家园共育是促进幼儿健康成长的最好形式，教师应充分发挥家长的积极性，形成合力，共同促进幼儿良好习惯的养成。

4. 性别教育，重视如厕礼仪培养

当幼儿对异性伙伴的身体好奇时，教师切忌应付了事。可以组织一次集体活动，向幼儿解释男孩和女孩的不同，教授性别概念，从正面向幼儿引导男女孩上厕所不同这件事情。也可以及时与家长进行沟通，建议家长平时带幼儿在外玩耍如厕时，引导幼儿发现公共厕所都是男女分开的，了解如厕是一件很隐私的事情，要尊重别人的隐私，偷看别人如厕是很不礼貌的行为。

上海市松江区茸树幼儿园　胡云鹤

浪费的淘淘

案例描述

淘淘的爸妈都很忙，平时很少有时间陪他；在物质上则对淘淘是有求必应，给他买的玩具、图书不计其数。可对于这些，淘淘一点也不爱惜：汽车、飞机、枪等玩具，买回后不超过一个星期就会被他拆烂，然后反复摆弄，当他觉得某个玩具再没有可玩的价值时就扔掉；新买的图书，不到两天就被他撕得七零八落，有的还被折成纸飞机扔得满屋都是。家长和老师教育了很多次，要淘淘爱惜玩具和图书，可淘淘就是不听。

案例分析

幼儿对玩具大都保持一时的新鲜感，不想玩了就会扔到一边，这样的现象就会造成玩具资源的浪费。案例中淘淘喜新厌旧地丢弃玩具，除了因年龄小没有节约意识，也因其正处在神经发育的旺盛期，好奇心强，喜欢独立探索，但同时知识经验缺乏、技能不足，易对玩具造成损坏。这类行为被称为"无意性破坏"，破坏并不是幼儿的初衷，幼儿在反复摆弄、拆坏玩具的过程中，是以一种主动的状态参与活动，积极地进行探索，尝试各种新奇的创造，在这个过程中，他们的兴趣得到了满足，创造力得到了发展。

根据相关研究调查显示，如果我们能够改变玩具呈现的形式，让幼儿自己动手创作玩具，反而更能激发幼儿的兴趣，大部分幼儿对这种变废为宝的过程也都乐在其中。

废旧的材料在幼儿的日常生活中随处可见，收集的过程又非常的轻松，可以让幼儿根据自己的兴趣爱好，动手把这些废旧的材料改造成自己喜欢的物品，作为陪伴自己生活的玩具。这样的学习有着更加广泛的发展空间，也更能满足幼儿的实际成长需要。

陶行知先生提出"生活即教育"，强调要解放儿童的空间，给儿童提供广阔的创造舞台，为他们创造活动打下基础。而有效地运用身边的物品或者废旧材料进行手工、玩具的制作，不仅可以让幼儿更好地感受到艺术创作的乐趣，充分唤起幼儿的创作欲望，也有助于幼儿环保意识、动手操作能力和创新能力的培养。

应对方法

1. 科普废旧材料分类，培养幼儿节约、环保的意识

废旧材料主要可以归纳为以下几种类别：

（1）纸制品、印刷类材料

这种材料在日常生活中很常见，比如幼儿生活中的废旧纸盒，这些纸盒可以作为幼儿园活动的材料，幼儿可以进行滚珠画、吹画等创作。

（2）塑料材料

废旧的塑料材料在幼儿日常生活中也是比较常见的，包括矿泉水瓶、饮料瓶、气泡薄膜等。幼儿可以在矿泉水瓶的瓶盖上面打一个洞，然后把彩色的吸管剪成小段，插进瓶盖的洞中，通过穿、结的方法制作出塑料彩色风铃，挂上小铃铛装饰。

快递盒里用来包装物品的气垫薄膜，也是很好的创作材料：剪下各种形状，刷上颜料在纸上进行拓印，再进行添画，可以变出各种各样的水果或其他造型作品。

（3）自然类材料

自然类的材料主要来自大自然，比如幼儿在菜市场看到的河蚌的壳、玉米苞叶、树叶、木片、花生壳、松果等等。幼儿收集自然材料，通过不同的创意可以制作出更多能够让生活色彩变得丰富的小作品，创造力可以得到发展。

教师应充分发挥废旧材料的重要作用，给幼儿进行更多有趣的活动设计，让幼儿能够更加科学地对身边的废旧材料进行发现和收集，给幼儿园活动创造更多的资源；并鼓励幼儿自主创作，让幼儿从小建立一种良好的环保意识。

2. 利用废旧材料开展丰富的幼儿园活动

幼儿园活动的开展都应该在充分保证幼儿安全的前提下进行，所以在活动中选择的废旧材料也必须要足够安全和可靠，这样才能对这些废旧材料进行教育意义的挖掘与创造。比如，有些幼儿可能会找到贝壳、竹子这样的材料来进行艺术创作，然而这些材料都比较坚硬，所以必须要通过打磨和裁剪来消除材料的棱角，以保证安全性。

除了保证材料的安全，教师要学会带领幼儿进行废旧材料的科学运用与开发。比如收集不同高度、不同大小的玻璃瓶，通过组合组装出乐器，让幼儿通过敲击玻璃瓶的过程来创造出美妙的音乐。

幼儿在实际的操作过程当中，可能会有不同的活动需求，废旧材料具有较强的可塑性，可以进行不同的教学主题和内容的设计。教师要尽可能地选择不同层次的材料进行投放和使用，以满足不同水平幼儿的发展。

3. 通过自由创作，让幼儿体验变废为宝的乐趣

经过之前的经验铺垫，幼儿已经具备了较强的想象能力和创造能力，而且对于不同的废旧材料的利用也有了一定的经验和心得，幼儿在创作的过程中会更加想要积极地表现自己的想法。因此，教师应该留给幼儿更多自由活动的时间，对幼儿提出规则上的要求，让幼儿根据自己的想法进行不一样的主题创作，使每一个幼儿都能发表自己的见解，并且通过独特的创意制造出不同的作品。

　　教师要对幼儿独特的创意表现出充分的赞赏，让幼儿通过自己动手操作的过程收获更多的成功与自信。让幼儿在动手创作的过程当中，想象力、创造力、独立自主性都能得到很好的发展。自由创作也需要教师给幼儿进行一些简单的指导，让幼儿能够在操作的过程当中有更加明确的方向。

江苏省如皋市下原镇花园幼儿园　周晓林

"偷拿"东西的小孩

案例描述

在老师眼中,还在上小班的晶晶一直是一个乖巧、懂事又内向的孩子,老师对其十分放心。直到有一次,一个孩子告诉老师,说自己新买的玩具突然找不到了。教师通过调取监控视频,竟然发现是晶晶拿走了这个孩子的玩具,而且反复观看以前的监控视频,发现晶晶偷偷拿走其他小朋友的玩具和零食的行为已经不止一次了,这令教师非常震惊。

仔细观察会发现,晶晶偷拿的大多数是非常小且很新的玩具,或者一些小零食。晶晶每次都是在自由活动时,趁其他小朋友和老师不注意,悄悄拿走这些东西。教师将这个情况告诉晶晶的爸爸妈妈,晶晶的爸爸妈妈对此十分愧疚。晶晶的爸爸回想起第一次发现晶晶偷偷拿别人的玩具时,当时只是让晶晶把玩具还给了那个孩子,并没有告诉她这件事情是不对的,事后也没有责备晶晶。

案例分析

首先，晶晶这种"拿"不属于自己东西的行为是属于一种偏差行为。所谓偏差行为，就是指在特定的社会中，社会成员不同程度地偏离或违反了既有的社会规范的行为，也被称为越轨行为或者差异行为。而对于小班的幼儿来说，他们常常会分不清想象和现实，对于他人和自我的东西区分，界限感并不会那么明显，没有"偷"的概念。此外，晶晶的爸爸在明知道晶晶有不恰当行为的情况下，没有及时阻止和批评，也没有做出正确的引导，这样的失责才导致晶晶"偷拿"小朋友玩具或零食现象的持续发生。

其次，我们不能使用"偷"这个词去形容孩子的这种行为。因为处于小班的幼儿，他们的观念是来自父母以及身边环境的影响，并不是主观想要去偷拿别人的东西。不能给幼儿标上"小偷"的标签，更不能戴着有色眼镜去看待幼儿，这样会对幼儿的成长产生不好的影响。

应对方法

1. 耐心询问，引导幼儿说出真实情况

在发现幼儿拿走别人东西的行为时，不能对其进行责备、打骂，而是要保证幼儿情绪的稳定，然后与幼儿进行沟通，认真、冷静地解决这个问题。不能让幼儿的自尊心受到伤害，应从幼儿自身出发，根据幼儿的性格特点，以温和的谈话方式与幼儿交流，让幼儿认识到自己的错误并自觉改正。

2. 适时、适当地给予必要的惩罚

当发现幼儿喜欢拿其他小朋友的玩具等物品时，要明确告诉幼儿：别人的东西不能随便动，更不能随便拿，必须征得小朋友的同意后才可以玩；而且玩完后要立即还给小朋友，并要谢谢小朋友。如果幼儿

哭闹不止，不同意还回去，可以对其给予适当的惩罚，如抱幼儿离开，或者剥夺其玩玩具的机会等，让幼儿知道随意拿别人的东西以及借了东西不还是不对的。

3. **建立良好亲子关系，及时满足幼儿的情感需求**

父母尽量不要与幼儿长时间分离，使幼儿有被抛弃受冷落的感觉。长期分离，会使幼儿因为情感上得不到满足，容易产生焦虑、孤僻的心理。而幼儿为了满足自己的情感需要，会在不知不觉中产生偷拿他人东西的行为。家长要多与幼儿沟通，增加感情的交流，减轻幼儿的焦虑不安和孤独感，要多倾听幼儿的语言和观察幼儿的行为。

4. **教会幼儿物权概念，培养正确的物权意识**

物权意识是自我意识重要的组成部分，成人要帮助幼儿弄清楚物权的概念，让其明白哪些东西是自己的，哪些东西是属于别人的。培养幼儿树立正确的物权意识，让幼儿懂得既要爱护自己的东西，也要尊重他人的物品。

山东省东营市河口区义和镇中心幼儿园　李宁　李月梅

让幼儿做事不磨蹭

案例描述

乐乐拖拉的毛病非常严重,每天早上都要等到早操结束了才到幼儿园,到了教室门口后也是慢悠悠地走到自己的座位上。老师和家长沟通此事,家长很无奈地反映:每天很早就叫乐乐起床,乐乐穿衣服慢悠悠地,有时候急着去帮他穿,可他一定要自己穿;刷牙时,给他挤好牙膏、倒好水,可他要刷个老半天;更令人头痛的就是吃早饭,慢吞吞地吃,越催反而越慢。因为做事特别磨蹭,所以乐乐经常迟到。

乐乐在幼儿园的用餐也是令老师们头痛的一件事。一次午餐,乐乐好像对饭菜不满意,喝了一口汤后,其他的菜都没有动过。老师发现后,在一旁耐心地提醒:"宝贝,你再不吃,菜都凉了哦,凉的饭菜吃下去肚子会痛的哦。"同时鼓励他拿起勺子一口一口地吃。

但是老师喂一口,他就吃一口,老师一停下来,他就不吃了,始终不愿意自己动手,故意磨蹭。老师发现他的小心思后提醒他:"乐乐,自己的事情要自己做哦!"可他还是一动不动,如果老师不喂,他能拖到所有幼儿吃饭完毕了,才吃上几口。

案例分析

在工作和生活节奏日益加快的现代社会，培养幼儿的时效观是非常重要的。然而动作慢的幼儿在幼儿园中是比较常见的。这种"慢"，有些表现是学习兴趣低落、对任何事情能拖就拖，缺乏自信；有些表现是行动迟缓，怎么催都没用。这些幼儿做事情磨磨蹭蹭、拖拖拉拉、总是跟不上别人，无论成人怎么催促，都不见成效。

磨蹭的心理现象，是多种因素综合作用的一个长期过程，造成这种现象的原因也是多方面的，因人而异。成人要及时关注幼儿的磨蹭问题，解读磨蹭行为的原因，科学有效地引导，要根据不同的情况和幼儿的具体表现，采取相应的策略对症下药。

案例中的乐乐本该有充足的时间做好上幼儿园的准备，但做事情拖拖拉拉，没有正确的时间观念，久而久之形成了磨蹭的习惯，无疑也给别人带来了很多的不便。同时他也是一个典型的"衣来伸手饭来张口"型幼儿，导致这种情况的发生离不开家长的"包办代替"。每当幼儿出现磨蹭行为，成人就去"帮忙"，养成了幼儿对成人的过分依赖。幼儿期是幼儿良好行为习惯养成的关键期，成人要为幼儿创造让幼儿自己动手的机会，培养幼儿的独立性，不能为幼儿大包大揽。

应对方法

1. 联系日常生活，帮助幼儿树立时间观念

幼儿以具体形象思维占主导，抽象逻辑思维在逐步发展中。针对这一特点，成人要做的是与日常生活联系起来，通过具体的事件让幼儿认识时间，懂得时间的重要性。如给幼儿讲珍惜时间的小故事，学习珍惜时间的儿歌等，让幼儿在欣赏、朗诵这些文学作品的过程中，逐渐了解时间对于一个人的重要性。

在组织幼儿活动的时候，可以用一些明显的时间点来提醒幼儿参与活动，如做早操的时间到了，教师对正在区域活动玩耍的小朋友说："小朋友，10分钟以后是做早操的时间，我们要一起到户外做早操了。"然后设定好10分钟音乐，等音乐响了，告诉幼儿："10分钟到了，我们该出发了。"逐渐地，幼儿对时间慢慢有了概念，且有了做操的心理准备，一听到音乐响起就会收拾积木，音乐一停就会自觉地排好早操队伍。

2. 借助游戏体验，引导幼儿增强时间意识

幼儿对时间长短的认知，是在做事情的过程中体会的。教师可以利用幼儿喜欢的动物图片或者图形，与幼儿一起制作表盘上的时间刻度，来约束幼儿自己做事情的时间。幼儿们通过观察时钟，感知时间的流逝，做事就逐渐不拖拉了。

也可以多和幼儿玩一些有趣的计时性活动，增强幼儿的时间意识。即在游戏中，寓教于乐。比如：1分钟拍皮球，2分钟穿珠子，3分钟计时劳动，5分钟穿脱衣服，等等。通过这些游戏，让幼儿感知时间的长短。幼儿乐在其中，积极参与游戏，在渴望赢得比赛的同时，会努力提高效率，在游戏中让幼儿明白做事情不能拖拉。

3. 避免包办干涉，培养幼儿独立自主能力

幼儿园一日活动中，教师要时刻谨记：幼儿是活动的主体，教师的角色定位是观察者、引导者、支持者和合作者。应尊重幼儿的自主性，幼儿能够自己收放玩具、摆放小椅子，就让他们自己动手做；幼儿能够帮忙分碗勺、整理图书，就不要担心他们做不好，更不要因为他们的动作不熟练而一味地干涉。

教师要有很强的洞察力，在幼儿真正需要帮助的时候再伸出援助之手，让幼儿充分认识到靠拖延、磨蹭是得不到帮助的。幼儿需要他们自己的一片天空，给予他们自由发展的空间，远离包办、摆脱磨蹭，让他们真正融入生活。

作为教师，应该把培养幼儿独立性的目标牢记心间。根据幼儿的年龄特点随时随地教育，多为幼儿提供独立活动的机会和条件。适时进行个别指导，帮助幼儿掌握一定的技能，让他们逐步学会自己做事、自己动脑筋想问题，真正摆脱惰性心理。

4. 家园积极协作，同步配合培养

（1）杜绝消极"暗示"，创设适宜的发展环境

《纲要》中明确指出："环境是重要的教育资源，应通过环境的创设和利用，有效地促进幼儿的发展。"部分幼儿的磨蹭行为是成长环境中长期被"暗示"的结果。幼儿做事情笨手笨脚的，如果成人缺乏耐性因此而指责幼儿，经常把"你真笨""你真慢""你真磨蹭"等挂嘴边，强调幼儿的坏习惯，那幼儿则会真的形成习惯。加之幼儿缺乏实践的经验，缺少必要的信心，他会真的认为自己就是这么笨、这么慢。此刻，在幼儿的意识中，自己"笨""慢"已经变成理所当然了。

所以，成人应创设有利幼儿身心发展以及符合他们兴趣点的游戏环境，通过游戏的方式督促幼儿去完成某件事，加强幼儿的规则意识与做事速度。当幼儿在某件事上有了"高效率"，成人要及时表扬和关注，培养幼儿的时间观念，树立幼儿的自信心。

（2）树立良好榜样，让幼儿做事不再磨蹭

要改变幼儿一些不良习惯，必先从自身的改变开始。当成人因为幼儿的磨蹭而不耐烦地催促甚至训斥时，是否思考过自己在幼儿面前又是如何表现的？在教导幼儿要高效做事的同时，是否拷问过自己在幼儿面前又是如何做的？作为成人，在幼儿的心中是最权威的代表，言行举止无不是幼儿加以效仿的对象。在平常的生活中，成人应注重自己的形象，留意生活中的细节，给幼儿树立正确的榜样。

（3）多鼓励少指责，学会换位思考

表扬、鼓励比批评、指责更能有效地激发幼儿的积极性。他们都很单纯，非常希望获得外界的认可。想要幼儿不再磨蹭，一味地批评、指责是不行的。给幼儿正能量，会使幼儿更有干劲；如果传递负能量，

幼儿只会"见招拆招"。

　　对于天真、单纯的幼儿，如果一味去催促、埋怨，只会给幼儿带来更多的伤害。作为成人应该静心自查，深刻反思，学会换位思考，站在幼儿的立场上看问题。走近幼儿，走进他们的内心，寻找其根本原因，听听他们的理由。应该顺应幼儿发展规律，促进其健康成长。让幼儿在润物细无声中感受自己的点滴成长，改掉磨蹭的坏习惯，走出"慢世界"。

浙江省绍兴市柯桥区兰亭中心幼儿园　冯梅芳

学习表现

不善言辞的默默

案例描述

默默是小（2）班中比较令人疼惜的幼儿。相比班上的其他幼儿而言，她的个头很高，静静地站在那里，看上去和别的幼儿并无异样。开学之际，家长陆续带着幼儿来报名，奶奶趁其他家长和幼儿走之后，把默默带到我们三个老师身边，大致说了一下默默的情况：默默已经4周岁了，口齿不清，说不出一句完整的话，只会说一些简单的词；在不熟悉的人面前，要大小便时不敢说；成人说的话她听得懂，吩咐的事也会照做，她心里都明白，就是说不出来。因此，希望我们三个老师对默默多多关照。就这样，我们记住了这个女孩，特别留意她的行为，并做了以下记录：

镜头一：突然冒出的尖叫

正值幼儿们起床，三位老师给女孩打辫子，男孩则安静地坐在小椅子上看电视，随着有趣的情节讨论着、欢笑着。突然，教室里传来了一声尖叫，循声望去，是默默，她正用双手紧紧地蒙住眼睛。

教师赶紧走过去，轻轻问她："默默，怎么了？别怕，老师在呢。"

她用手指了指电视画面上的恐龙，断断续续地说着："龙……龙……怕……怕……。"原来让她发出尖叫的是恐龙。她这么一说,引来了班上其他幼儿的嘲笑。

有些幼儿直接喊道:"默默是个胆小鬼,又不是真恐龙。"

教师赶紧安慰默默:"没事,恐龙在电视里面,它不会跑出来的。"

即便如此,默默还是不肯抬起头来看电视画面,用手紧紧蒙着眼睛。教师只好把她的小椅子搬到身旁。

离园之际,教师将默默的情况跟奶奶做了简单的沟通。奶奶反馈道,在家默默也比较胆小,遇到打雷天会躲进她的怀里哭。

镜头二:尿裤子了

早晨,奶奶刚把默默送进教室,十分钟左右,班上保育员李老师发现,在地上有一摊像水一样的液体。顺着望过去,默默坐在那里一动不动。此时,其他幼儿正在愉快地玩着晨间桌面玩具,谁也没有注意到她。

保育员老师赶紧将默默的裤子脱掉,找了一条干净的裤子给她换上,然后轻声道:"默默,如果想解小便,自己去好吗?"她点了点头。

为防她胆小不敢去,教师又叫了她旁边一个热心能干的小女孩,对她们叮嘱道:"默默,你以后要解小便就拉拉涵涵的手,让涵涵带着你去,行吗?"

默默同意了。

镜头三:记忆力真好

幼儿们经过一周的交往,相互间已经渐渐熟悉下来,能准确说出自己所在小组同伴的名字。通过一段时间的观察,发现默默动作缓慢,但大脑反应能力正常,能很快理解别人的意思,只是不能用语言表达出来。她在与人交往方面有强烈的自卑感,不愿与其他幼儿进行游戏或其他活动。喜欢一个人待着,沉浸在自己的世界中。

许多幼儿察觉到默默和他们不一样,不愿意主动和她玩。一天教师无意中听到幼儿们在聊天的时候说:"默默都这么大了,说话都说不清楚,也不跟其他小朋友玩。"可以明显看出,默默处于不被同伴接纳的环境中，同伴对她出现了排斥、嘲弄等不友好的行为。

只是，虽然默默不善言辞，却有着强于其他幼儿的优势，就是记忆力很强，她能够记住全班小朋友的名字，并能准确无误地说出来。

案例分析

依据《纲要》的要求，幼儿园必须切实做好幼儿生理和心理卫生保健工作。其目的在于保护和增进幼儿的身心健康，促进幼儿身心和谐正常发展。

从默默妈妈那里了解到，默默父母是双职工，没有太多的时间照顾默默，因此默默一直由奶奶照看。默默从小说话就口吃，因说话不清楚，怕别人笑话、嘲弄她，就经常和奶奶待在家里。由于家人很少让默默与外人接触，忽视了幼儿探索周围世界的正常需求，不能满足和支持默默通过适当的尝试去克服困难，压抑了默默的活动愿望。对奶奶的依赖，也使默默出现怕与人交往的自卑心理，语言表达能力发展缓慢。

应对方法

1. 尊重幼儿，构建和谐的师幼关系

尊重，不仅仅是自己要做到，同时也要鼓励其他幼儿尊重默默。坚持用一分为二的眼光看待问题，采取扬长避短的方法，帮助默默建立与同伴间的好感，让其他幼儿看到默默的长处，让默默看到自己自豪的一面，体验成功的经验，树立信心。

可以利用默默记忆力好这一特点，有意无意地带着默默走到幼儿的中间，随便指着一个幼儿的名字，让默默来说。这样的方法既有趣又能激发其他幼儿的兴致，甚至有不少幼儿来挑战，都输给了默默。正是由于这一优势，幼儿们对默默另眼相看，有几个幼儿主动和默默玩，使默默感受到了交往的愉悦。

《指南》指出："营造温暖、轻松的心理环境，让幼儿形成安全感和信赖感。"有语言障碍的幼儿一般有着强烈的自卑感，不愿与其他幼儿、教师进行交往，教师应积极地关注，给予更多的关心，使幼儿感到安全、温暖、可信可亲，但不是溺爱。同时，教师要支持默默特殊的表达方式，了解她习惯性动作的意思，尽量满足她的需要，以减少她的挫败感。

成人做得再事无巨细，也无法替代同龄人的作用。同伴关系对幼儿的社会性和情感发生具有独特的、不可替代的作用。同伴之间天然的亲密感，能够使得幼儿们自然、没有顾虑地交往。由于默默胆子小，应鼓励其他幼儿主动与默默交往，并强化这种行为，以引来更多幼儿与默默交往。在这样的氛围下，默默便会很快与小朋友建立起基本的亲密感。

2. 走近幼儿，为幼儿营造宽松的语言环境

在一日生活中，应有目的、有计划地和默默接触交谈。结合每天的生活，让幼儿们介绍所看到和学到的新鲜事，如喜欢看的电视节目、家里的玩具、每天最开心的事及学会的本领等。在此过程中，教师只要做好一个耐心的倾听者、欣赏者，当默默想说时，用表情或眼神鼓励她，从而激发默默说话的兴趣，逐步提升默默的语言表达能力。

也可以利用零散时间和默默单独交流，如中午起床给女孩打辫子的时候，让默默坐在老师的身旁。或者利用离园等待的时间，和默默聊聊在家吃了什么好吃的、玩了什么好玩的等，在谈话中促进默默语言表达能力的发展。也可以让默默在集体朗读、区域游戏、对玩偶说话等压力较小的情境中练习说话，然后逐渐除去其所依赖集体朗读或表演的情境，最后使默默能够单独说话。

3. 家园配合，共同助力幼儿健康成长

在对默默行为矫正的过程中，教师应不断与家长进行沟通，提高

family长的正确认识，建议家长耐心倾听默默的话语，不能因为默默说话费劲而急于替她表达或是打断她的话，更不能流露出不耐烦的神情。也可以时常带着默默出去散步、玩耍，在潜移默化中改变她胆小、害怕与同伴交往的行为。

经过教师和家长的共同努力，默默变得活泼大胆了许多。现在，默默上课时能认真听讲，情绪愉快，能轻松地与同伴游戏、交往，还会和小朋友一起参加节目演出，在课堂上也愿意举手发言了。

由于幼儿的发展存在着差异性，其语言发展的水平也会不同。后天的语言环境是可以改变的，我们应努力为幼儿创造条件，扩展幼儿的生活范围，使幼儿在对生活和社会的认识过程中运用语言去交往，促进幼儿社会认识能力和语言表达能力的发展。

江苏省高邮市秦邮幼儿园　刘秀华

 "什么都不会"的鸣鸣

案例描述

鸣鸣是一个性格活泼的小男孩,知识面较宽,语言发展良好。可每天的饮水、进餐、午睡、如厕等"杂事",却是鸣鸣最不愿意做的事情。

每到喝水的时候,鸣鸣总是最后一个去拿杯子,而且必须是老师提醒后,他才愿意去拿,很多时候都是老师帮他拿到座位上。当喝水的时候,鸣鸣总是慢吞吞的,老师在旁边提醒他时,就拿起杯子喝一喝;当老师离开了,就又把杯子放下了。于是老师就只好一直站在鸣鸣旁边鼓励他自己喝完杯子里面的水。可是几次下来,老师发现,鸣鸣不只是不喜欢喝水,更主要的是不会自己用杯子喝水,喝的时候只会把杯子放到嘴巴边,好像是在喝,其实只是嘴唇和水接触了,并没有把水喝进嘴巴里。

如厕也是鸣鸣的一件"大事件",刚开始几天,每次小解完鸣鸣的裤子都会湿了一部分;入睡时,鸣鸣也必须要老师摸着手,在旁边一直守很久才能睡着;吃饭时,经常到最后要老师喂着才能吃完一碗;没有收拾自己物品的意识,衣服常常找不到……

案例分析

　　幼儿自我服务能力的养成,绝不是自然而然一蹴而就的,而是一个长期培养的过程。《指南》要求:"鼓励幼儿做力所能及的事情,指导幼儿学习和掌握生活自理的基本方法。"自我服务能力发展好的幼儿,能更快适应幼儿园的生活,其自信心、独立性、自我价值认同感等,都会有较快的发展。

　　幼儿在园自我服务能力的发展,有以下几方面的特点:

　　(1) 自我服务内容方面的差异。比如,在满足自身基本生理需求的饮水、进餐、午睡、如厕等方面,脱离成人的帮助后,幼儿发展和进步得会更快;而在习惯养成方面,诸如饮水习惯、进餐坐姿等方面就掌握得要慢一些。

　　(2) 性别差异。总体情况是,女孩子发展进步得更快,自我服务水平高于男孩子,完成事情时更有序,以收拾整理方面差异最为显著。

　　(3) 个体差异。部分发育好、发展快的幼儿,能又快又好完成自己的事情,且乐于积极学习新本领,学习能力也更强,能很快地习得新的自我服务技能。

　　(4) 发展过程的循环往复。某种技能已经掌握得很好了,过一段时间后不经意间又倒退了。比如,学会洗手后的一段时间,部分幼儿洗手时又发生"冲冲而过"、不用肥皂、不卷衣袖,或者"不甩水不擦手"等现象。

　　案例中的鸣鸣,不会自己独立饮水,不会自己独立如厕,午睡、进餐、收拾整理都需要老师的提醒和帮助。在和鸣鸣的家长沟通后了解到,爸爸妈妈工作很忙,家里就请了阿姨专门照顾鸣鸣。阿姨为了方便,每天不会按时给鸣鸣喝水,即使要喝水也是用奶瓶喂着喝,这样的习惯造成了鸣鸣平时喝水少,不喜欢喝水,更不会用幼儿园的杯子喝水。

对于自我进餐和自我如厕的培养，家长也没有给予鸣鸣机会自己尝试和成长。午睡方面，是每天鸣鸣下午玩累了困了就自己睡了，没有养成固定的时间进行午睡的习惯。至于收拾整理方面，家长就更不会让鸣鸣动手了，爸爸妈妈虽然有意识鼓励鸣鸣自己做，偶尔也会教鸣鸣完成自己的事情，但是没坚持几天就不管不问了。

应对方法

1. 以多种形式启发幼儿自我服务的意识

（1）故事、儿歌、表演、情境体验等多种艺术形式影响

可以用精彩生动的故事和朗朗上口的儿歌，启发幼儿学会自己的事情要自己做；也可以在日常的游戏里创设体验的情境，带领幼儿感受被帮助与自己做事的不同，体会到自己做事的成就感等。

（2）老师及同伴、家长的积极肯定和鼓励

要及时给予幼儿积极的正面反馈，多用鼓励、表扬的语言来激励幼儿，让幼儿有更多的动力来自己的事情自己做，从而让他们愿意主动的来自我服务。也可以发挥同伴小榜样的作用，用同伴的成功来激励幼儿，提高自我服务的意识。

2. 以多种方式培养幼儿自我服务的能力

自我服务是需要反复练习的，可以开展形式多样的活动，帮助幼儿学习自我服务技能，通过反复练习提高自我服务能力。

（1）集体教学活动的示范

新技能的学习，需要教师正确且明白地"教"，教师要反复示范讲解并引导幼儿进行模仿，还需要提供丰富的教具以及适合幼儿的教学模式来吸引幼儿积极参与；更要提供机会让幼儿进行现场的实践练习，对于幼儿不容易理解的地方再进行有针对性的指导。

（2）环境潜移默化的影响

把环境的教育功能利用起来，可以更好地促进幼儿自我服务能力

的提升。如把穿脱衣服的图示张贴在墙上，让幼儿自主学习和练习；把"七步洗手法"的图示张贴在盥洗室，让幼儿在日常洗手的时候可以温习并能根据图示的指导洗手。

（3）日常生活中的及时指导

集体学习后，要在日常情境里及时练习巩固。如餐前巩固洗手方法，餐后巩固擦嘴方法、漱口方法等；吃虾时学习剥虾壳；早点时练习自己撕包装袋，吃完早点练习清洗点心盘；等等。这些特有的学习情境教师一定要牢牢地抓住，不要去代劳和直接帮助，而要让幼儿自己动手。

（4）因材施教的个性化指导

对于不同能力发展的幼儿，要根据他们的特点进行"对症下药"的个别化指导。像案例中鸣鸣的情况，要在平时多提供机会给他练习，肯定他的每一次进步，让他感受到自己做事的成就感。

（5）游戏活动的促进巩固

日常活动里多以拟人化的口吻来鼓励幼儿主动做事。在学习性区域游戏中，鼓励幼儿利用游戏材料进行小肌肉群的练习，如练习扣纽扣、用手穿线、剪纸等技能，提高手指的灵活性。角色游戏能够促进幼儿能力进一步提升，教师要鼓励幼儿扮演各种角色，让幼儿在扮演游戏中提升自我服务技能。

（6）持之以恒的强化提升

幼儿自我服务能力的发展存在循环往复的特点，因此必须要持之以恒地坚持培养。要做到活动前有要求，活动后有小结，帮助幼儿内化规则，使其形成习惯。还可以充分利用幼儿乐于表现和竞争的心理，积极开展比拼的活动，以比赛的形式进一步激发幼儿提高自我服务的能力。

3. 家园共育，共同巩固、增强幼儿自我服务的能力

在培养幼儿自我服务能力的过程中，家园共育是必不可少的，因此应充分发挥家庭教育的重要作用。要取得家长的共育配合，就要帮

助家长形成科学的育儿观。可以带领家长学《纲要》《指南》里有关幼儿自我服务能力发展的部分，引起家长的重视；再利用家园联系栏、QQ群、微信群等发布相关信息，让家长们认识到培养幼儿的自我服务能力是一件重要的事情；然后以科学的视角，与家长沟通幼儿目前的表现，并帮他们分析幼儿这种表现的成因，让家长从书面的认识过渡到现实里的掌握，家园同步方可取得有效进展。

另外，家务劳动也是促进幼儿自我服务能力发展的良好途径，扫地、倒垃圾、洗碗、整理收拾等，都可以让幼儿得到进一步的锻炼。充分发挥园所教育与家庭影响的共同指导作用，长期的坚持，科学的指导，以足够的耐心、爱心、恒心，放手给予幼儿充分锻炼的机会和成长空间，就一定能有效提高幼儿的自我服务能力。

四川省成都高新区和美实验幼儿园　刘冬梅

他总是表现得"一般般"

案例描述

已经上中班的帆帆,在班级里属于表现平平的孩子:绘画课上中规中矩地模仿画画,没有个人的"锦上添花";自由活动中,总是扮演被安排的角色,没有自己的意见与想法;回答问题时,不积极也不排斥,不会主动回答问题,被点名回答问题时又是平淡无奇。总之,没有极端行为也没有突出表现,正常入园、吃饭、午休、离园,每次家长沟通帆帆在园表现,教师评价都是"一般般",在班级里属于经常被忽略的对象。

原本尚属正常的"表现平平",久而久之,也让人觉得"不正常",家长也因此感到不满。比如,在户外活动中,幼儿们自主分组选择平衡木、轮胎、梯子等器械进行排列组合,创编成各种各样的运动路径。当幼儿们七嘴八舌地讨论器械摆放方式、动手进行尝试摆放的时候,帆帆只是在一旁静静看着,等幼儿们把器械摆好之后,帆帆才跟着幼儿们一起利用器械游戏。

再比如,在语言活动中,教师鼓励幼儿对故事的结尾进行创编,并将创编的内容画在纸上。当幼儿们都在尝试创编的时候,帆帆拿着手里的白纸左顾右盼，不知如何是好，最后帆帆参照旁边的幼儿进行创编。还有一次在数学活动中，教师引导幼儿用身体表现1～10的数字，幼儿们争先恐后地要求上前展示，只有帆帆自始至终没有举手……

案例分析

在户外活动中，帆帆习惯于直接在教师摆放好的运动器械上活动，而不愿意积极的和同伴共同去探索更有趣、更具有挑战价值的运动器械摆放方式。

在语言活动中，帆帆虽然能将故事复述完整，但没有对故事进行创造性的思考；当教师鼓励幼儿在纸上画创编的内容时，帆帆也不敢去尝试自己创编，而是选择了模仿同伴的作品。

在数学活动中，帆帆虽然认识了1～10的数字，但是不会像其他幼儿一样上前用身体表现数字，帆帆的行为表现体现出他的不自信、不敢挑战和创新。

应对方法

考虑到帆帆喜欢建构游戏，可以借助自由建构游戏激发帆帆的想象力、创造力、合作能力、操作能力等。自由建构游戏指的是幼儿按照自身的意愿去进行富有创造性的建构游戏，幼儿在游戏过程中以个人或小组为单位创造性地使用材料、自主确定建构主题、自主设计建构活动。这种教学模式是一个阶梯式上升的过程，需要不断地从一个游戏生成另一个新的游戏，这个过程需要教师的积极参与、引导，使幼儿在游戏中提升技能、学习创新、训练品质。

1. 放手游戏，悉心观察

对幼儿的自由建构游戏进行有效的观察，是教师对游戏进行适宜指导的前提。能否开展有效的观察取决于教师是否具有专业的理论素养和充分的技能实操。教师要深入贯彻落实《指南》，了解和掌握幼儿在各领域的发展方向，以《指南》为基准选取观察方法、设计观察记录表，从而提升教师的观察能力。在幼儿自由建构游戏中，可选用的观察方法有很多，比如检核表法、轶事记录法、事件取样法等。无论选择哪一种观察方法，都要围绕《指南》中的关键词去设计观察框架。

作为幼儿自由建构游戏的组织者，教师在游戏的开展过程中不仅要在旁边做观察记录，还要抓住介入时机，对幼儿的游戏进行恰当的指导。比如，当幼儿无事可做的时候，教师可以采用"角色扮演式介入"的方法，通过在游戏中角色的变化，将幼儿引导到游戏中来；当幼儿一直在重复单一的动作时，教师可以尝试"平行介入"的方式，在幼儿旁边用多种方法搭建作品，为幼儿提供隐性建构范式；当幼儿严重违反游戏规则或向老师求助的时候，教师可以直接介入，通过各种方式对幼儿所产生的困惑和问题进行相应的指导。

2. 分析游戏，有效回应

为了实现幼儿自由建构水平的逐级上升，就需要对幼儿的自由建构游戏进行明确的分析。无论采用何种观察方法、选取何种观察角度，在分析幼儿游戏的过程中都要考虑幼儿在自由建构游戏中持有哪些经验，还能获得哪些有价值的、富有挑战性的经验，以及在获取新的经验时可能会遇到哪些困难、如何克服困难，等等。

教师对幼儿自由建构游戏的指导，应立足于幼儿的"最近发展区"，对幼儿的游戏始终保持"不满足"的状态，为幼儿"出难题"，从而调动幼儿的探索积极性，充分发挥幼儿的游戏潜能，引导幼儿超越自身的现有水平。对于幼儿自由建构游戏的回应，应根据对游戏的分析"对症下药"，通过有效的回应来帮助幼儿提高能力。

（1）结构转换策略

对于结构复杂、庞大的建筑群，可引导幼儿在实施建构之前通过画平面图，利用牙膏盒、酸奶杯等材料制作模型来表征建构对象，形成一个难度梯度,让幼儿心中有数,从而更加顺利地进行建构游戏。

(2) 材料支架策略

材料支架策略指的是教师通过材料的呈现为幼儿提供鹰架,促进幼儿更深入地自主探究。比如一次游戏中,幼儿想搭建可以容纳五个人的院子。因为预估能力的限制,幼儿搭建出来的院子总是太小。这时,教师就引导幼儿讨论怎样做才能搭建出合适大小的院子。经过探讨之后,幼儿们先后选择用尺子、报纸、绳子等工具进行测量,有的幼儿用绳子围成圈,让同伴站在里面,再沿着绳子搭建院子;有的幼儿将报纸铺在地上,请同伴站在报纸上来预估院子的大小……最终幼儿们在自主探索下搭建出了能容纳五个人的院子,完成了挑战。

(3) 异向思维策略

异向思维指的是运用不同的方式去思考问题。在自由建构游戏中,当幼儿遇到困难时,教师可引导幼儿利用不同的方式思考问题、解决问题,从而在游戏中发散幼儿的思维,提升幼儿解决问题的能力。

(4) 情境体验策略

情境体验策略主要指的是教师借助情境、道具来展现幼儿在游戏中产生的矛盾,从而引发幼儿的思考和新的尝试。比如,幼儿搭建"河水上的桥",教师观察到桥墩间的距离很小,于是投放了一些"纸船"材料,一位幼儿拿起一个纸船开始玩"过小桥"游戏,周围的幼儿被吸引,也拿起纸船玩。不一会儿,他们就发现因为桥墩的间距小,纸船无法通过。于是,幼儿们立即调整桥墩的间距,并且不停地拿纸船尝试,直到纸船能够通过桥墩为止。

(5) 平行示范策略

平行示范,着重于教师发挥榜样作用,通过暗示的方式对幼儿的自由建构游戏进行指导,引导幼儿突破自己的原有建构技能。比如,教师发现一名幼儿总是用雪花片拼插一朵花以后就无所事事,于是教师在幼儿旁边也用雪花片拼插花,但是教师拼插的是结构更加复杂的花。幼儿看到教师的行为后,也跟着拼插更加复杂的花,逐渐投入到更深层次的拼插探索中。

3. 生成游戏，持续发展

幼儿在进行自由建构游戏的过程中，会面临各种各样的挑战，也能因此获取新的经验。要想使幼儿真正投入到游戏之中，就需要建立兴趣和最近发展区之间的联系。教师通过对幼儿在自由建构游戏中与环境互动的观察和客观的记录来发现游戏中存在的问题情境，从而分析幼儿在兴趣和发展之间存在的可能性，引导幼儿进行下一阶段的深入游戏。

在自由建构游戏中，幼儿游戏和教师的指导是有机融合在一起的。教师应扮演幼儿"玩伴"的角色，与幼儿进行正向的互动、合作，甚至需要时常向幼儿学习、向幼儿请教，从而分析幼儿游戏表现、了解幼儿观点；将幼儿的建构游戏引向深入的尝试、探索和学习，满足幼儿进行深入学习的需要，从而让幼儿的自由建构游戏上升一个又一个阶梯，以提升幼儿的各种能力。

表现平平的幼儿通常容易被忽略，作为教师应当着重关注这些容易"被忽略"的幼儿。每个幼儿心中都有一颗富有创造性的种子，我们要为幼儿创造条件和机会通过直接感知、实际操作和亲身体验去探索周围的世界。当幼儿止步不前的时候，教师就要适时地去"推一把"，变身幼儿的玩伴，引导幼儿去观察和思考，和幼儿一起"动起来"。一句鼓励的话语、一个肯定的眼神、一个轻柔的动作都是对幼儿的关注和支持，在教师关注下成长的幼儿会更加自信、更加积极，进而更加富有表现力和创造性。

辽宁省大连市甘井子区教育局实验幼儿园　张艳　潘宇彤

 森森可以了

案例描述

幼儿园开学了，这学期班上来了一名叫森森的插班生。森森来园时就哭个不停，在教师的努力安抚下，他才停止了哭泣，愿意跟教师交流了，也慢慢跟小朋友玩了起来。

午餐时间到了，保育员老师为幼儿们分好了馒头、蔬菜和汤，幼儿们都认真地吃着午餐。可森森却坐在凳子上一动不动，手放在背后不肯动手用餐，几经鼓励和引导，才勉强吃了几口。

饭后散步时间，大家都能够在教师的引导下排队散步，森森却哭哭啼啼地要教师拉着小手，表现出较差的独立性。

集体上课时间，别的小朋友在认真听教师讲故事，森森非要教师把他搂在怀里，像妈妈抱着他一样。

针对森森的这些情况，教师和森森的妈妈进行了交流，了解到家长平时为孩子包办着一切，导致森森缺乏应有的独立能力。

案例分析

现在许多父母都是持着"含在嘴里怕化了，捧在手里怕碎了"的

态度，把幼儿当宝贝一样的珍藏着，为孩子包办着一切，结果让幼儿丧失了独立性。幼儿时期是孩子人生打基础的阶段，家园要共同努力培养幼儿的独立性，为独立性的发展创造环境与条件。

案例中的森森对成人非常依赖，造成森森这种依赖性格的原因主要有以下几点：一是家长不重视幼儿自理能力的培养，幼儿的自理能力有限，没有家长的正确指导，幼儿得不到有效的锻炼；二是家长的一味宠溺，不能将培养幼儿的教育内容转化为自身的实践行为。

森森独立性的培养，是一个循序渐进的缓慢过程，需要教师和家长耐心的教育和帮助。要多培养他自己动手的能力，有进步时给予表扬和鼓励，增强积极性；从小就让他懂得自己的事自己做，提高自我服务技能，增强自信。

应对方法

1. 在幼儿园的生活中培养幼儿的独立性

2—3岁的幼儿，他们的自我意识处于萌芽阶段，言语和动作都有了迅速发展，对周围世界的认知范围也在逐渐扩大。他们的独立意识也在点滴间逐步培养起来，喜欢自己去探索这个新奇的世界。随着他们身体的发育，大小肌肉群的逐渐成熟，心理能力的不断提高，他们开始了尝试，于是从不会做到学着做再到学会做。

只有经历过失败的洗礼才会看见成功的彩虹，幼儿的成长也是一样。成人应放手让幼儿在他生活的小范围内自理，让他失败、碰钉子，这样幼儿就会从失败中汲取教训而成长起来。有些家长认为幼儿生活中的小事如自己学会穿脱衣服、自己叠被子等等都是些无关紧要的琐事，成人随手帮助就可以，不必让幼儿自己去做；就是让幼儿去做也做不好，或者认为让幼儿做太费神，还不如自己做省力。这些看法是不正确的，因为幼儿独立生活能力主要是通过逐渐学会料理自己的生活而发展起来的，生活自理能力差，必然妨碍幼儿未来的独立生活能力的形成和发展。如果从小一切都由成人包办，幼儿感到一切都可以依赖，会形成一种消极的"安全感"，反而容易产生问题。

2. 在日常教育中培养幼儿的独立性

幼儿自身有巨大的发展潜力，我们应尊重幼儿的自主性、独立性，放手让他们在活动中发展。我们可以通过各种方式对幼儿进行能力的培养，如在选择游戏区域进行游戏时应该放手让幼儿自己去选择游戏角色、游戏环节、游戏方式，让幼儿充分感受到自己有选择、探索、表达的自由。在幼儿间发生矛盾时，不是作为权威者来评判谁对谁错，而应把解决问题的权利交给幼儿，培养他们独立解决问题的能力，让幼儿自己学会解决问题。

幼儿具有好奇、好问的天性，他们对看到的事情有时都会问为什么。对于他们所提出的问题，我们应注意启发他们自己动脑筋进行探索，以得到问题的答案；告诉他们，在尝试各种解决问题的方法时，不必担心失败和批评，可以大胆发表自己与众不同的意见。同时我们也应该尊重幼儿，注意对幼儿说话的口气和方式，要认真地倾听幼儿，以商量的语气对幼儿发出做事的要求，而不是以命令的口气来要求。

3. 因材施教地培养幼儿独立性

幼儿之间是存在能力差异的，具有较强独立意识的幼儿，我们应给他们创造更多的机会去探索周围世界，让他们在活动中主动获得知识和技能，发展思维能力和解决问题的能力；对于独立意识较弱的幼儿，要相对降低要求的标准，不可强求，更不可无视，须因材施教。如折纸活动"小钢琴"的教学过程中，许多能力强的幼儿很快就把双三角形翻压出来了，而那些能力差的幼儿则要寻求教师的帮助。这时可以要求能力强的幼儿对着范作，自己探索最后两个步骤的完成；而对能力差的幼儿则要求先学会翻压双三角形，等到幼儿们都学会翻压双三角形了再把最后两步骤教给他们。也可以请能力强的幼儿做小老师，帮助其他幼儿完成折纸活动。

所以说，独立自主性的培养是一个长期的过程，需要循序渐进，切不可急于求成，也要注意幼儿之间的个体差异。如果我们对每个幼儿的发展都做出过高的、不合理的要求，或是因为幼儿一时没有达到要求就横加斥责，幼儿会产生恐惧心理。因此教师应该根据幼儿的差异及时地调整教学过程与环节，让每个幼儿都能在学习中进行独立性的培养。

未来是属于幼儿的，幼儿未来的路要靠他们自己去走，未来的生活要靠他们自己去创造。家长和教师应循序渐进、耐心引导幼儿，多给幼儿自己去尝试体验的机会，培养幼儿的独立性。在培养的过程中积极鼓励幼儿的每一点进步，帮助他们树立自信，使他们具有较强的社会适应能力和心理承受能力，勇敢地面对和解决问题。

山东省聊城市莘县实验幼儿园　姚亚菲

我不喜欢书写

案例描述

浩浩是大班的幼儿,即将升入小学。为了让幼儿更顺利地实现幼小衔接,幼儿园会利用图书、绘画和其他多种方式,引发幼儿对书籍、阅读和书写的兴趣,培养幼儿前阅读和前书写技能。但对于每次的前书写活动,浩浩都特别排斥,表现出书写时边写边玩、书面内容杂乱无章、书写后不能及时收放文具等问题。

案例分析

大班幼儿前书写的准备是幼小衔接中一项特别重要的环节。众所周知,幼儿进入小学以后,会遇到越来越多的书写活动,前期对幼儿前书写兴趣和能力的培养至关重要。而像浩浩这样的幼儿,他们对前书写缺乏兴趣,缺少前书写经验和习惯,不愿积极主动地参与前书写活动,教师需要适当引导,培养他们对前书写的兴趣。

《指南》也指出幼儿要在绘画和游戏的过程中发展他们的前书写技能,并强调教师在发展幼儿前书写技能中重要的引导和支持作用。前书写是幼儿表达需要的有力工具,这一特征决定了前书写的培养可以渗透于幼儿园的各种活动形式中。特别是语言区的游戏,通过图文结合的记录和交流,不仅能促进幼儿的书面、口头表达,增强幼儿思维能力和想象能力,还能激发他们对语言区游戏的兴趣。

应对方法

训练幼儿前书写技能不可以枯燥无味,应根据幼儿的年龄特征设置一些有趣的形式来吸引幼儿。比如在语言区,让幼儿以"小信箱"的形式表达和交流自己的想法,教师以此来帮助幼儿进行前书写的表征使幼儿的前书写能力平稳、快速地发展,从而达到预期的教育目标。

前书写的教育不是要求幼儿书写正确、规范的汉字,而是鼓励幼儿勇敢地用纸笔表达自己的意思,通过涂画来理解汉字构型的潜在特点,以增加书面语言的知识,熟悉书写的规范,为未来的学习做铺垫。

1. 理解前书写

环境是影响幼儿进行前书写非常重要的一个因素。让幼儿在富有情境性、趣味性的游戏环境中,自主地进行绘画和书写,不仅能激发幼儿前书写的兴趣,而且能促进幼儿前书写技能的发展。

(1)"制度信箱",唤起前书写情感

语言区游戏的"制度信箱"是帮助幼儿更好地自主进行语言区游戏的小信箱。只有对游戏的规则制度等有较全面的了解,才能更好地让幼儿进行自主游戏,从而养成一定的集体责任意识。在确定规则的时候,幼儿可以先进行讨论,然后将讨论出来的结果以前书写的方式进行表征,用幼儿都能看懂的方式维持自主游戏管理秩序,并将其整理形成"制度信箱",进行小信箱留痕。

(2)"闯关信箱",丰富前书写经验

如果幼儿在游戏时,总是伴随着教师对活动玩法的预设或提醒,游戏的自主性就无从谈起。为了让幼儿在游戏中更自主,在班级中可设立一个"闯关信箱"区域,让幼儿将自己对同一种材料的闯关玩法投放在"闯关信箱"中进行留痕。这个信箱是幼儿每次进行游戏都会使用的一个"留痕小信箱",它让幼儿对自己当天的游戏进行了梳理,又能帮助他们对下次游戏时想要挑战的闯关形式有更进一步的认识。

教师以前书写的方式预设一定的闯关模式,将预设闯关模式和相应的材料用前书写的方式呈现在墙上,幼儿找到对应的材料进行闯关,初步接触前书写的格式,可以丰富良好的前书写经验。

2. 规范前书写

(1)"小方格信箱",调整前书写格式

作为游戏的小主人,每天只是在语言区里摆弄区域材料是不够的。语言区游戏材料的多样性、灵活性,能满足不同层次幼儿的需求。

为了能让每位幼儿都能很好地参与到前书上写游戏的"信箱留痕"中,教师为能力较弱的幼儿设立了"小方格信箱"留痕,在这个留痕的过程中幼儿可以感受、发现汉字"方块字"的特点,将方块字与图画、相似的图形符号区分开来,即获得了汉字前书写最基本的形式结构经验,调整了自己在记录前书写时的格式。

通过小方格"信箱",幼儿可以知道汉字是"一块一块"的"四方形",有的幼儿会用一个一个的方框来代替汉字,渐渐地尝试按照方块字的形式进行前书写的"信箱留痕"。

(2)"下划线信箱",统一前书写规范

字与字之间的间隔也是汉字结构的一个重要组成部分。幼儿在前期前书写留痕的过程中,往往不能很好地掌握字与字之间的间隔,会将间隔缩小或者扩大,导致前书写的内容表达过于杂乱。

"下划线信箱"的设置,可以帮助幼儿来统一规范,幼儿跟着固定的下划线一行一行的进行留痕,调整前书写的大小,规范前书写表征。幼儿通过"下划线信箱",将自己在游戏中的新玩法、阅读的新故事留痕下来,也可以起到一个经验分享的作用。在这个分享的过程中,幼儿会通过阅读以及与他人交流,进一步分辨、学习前书写的规范。

3. 丰富前书写

(1) "补充信箱"，奠定前书写基础

幼儿能够在早期意识到汉字一个方块字对应一个音节的特点，即使遇到不会写的汉字，也会根据音节数量的多少预留若干个方框，以代表若干个方块字。根据幼儿这一核心经验，可以设计"补充信箱"。

幼儿在与同伴合作进行游戏的过程中，经常会出现一些相同故事多样创编的行为，幼儿可以利用"补充信箱"，与同伴将自主阅读过程中自己大胆想象、猜测、创编的故事情节进行补充，将故事的后续内容丰富化，帮助幼儿奠定良好的前书写基础。

(2) "留白信箱"，创意前书写表达

"留白信箱"就是幼儿在游戏自主留痕过程中开展创意书写表达的一个"留痕信箱"。幼儿不仅能用图画表现他们在游戏时出现的难题，而且能用某些符号或汉字来表达特定的意思。

通过此类信箱的留痕，幼儿相互间能产生一定的共鸣，有兴趣的或者有相同问题的幼儿可以与同伴进行头脑风暴，交流心得等等，在与同伴互动中去感受他人的经验，帮助自己更好地解决难题。在不同能力的幼儿的带动下，所有幼儿在创意前书写表达方面都可以得到提升，形成自己良好的前书写行为习惯。

4. 共享前书写

(1) 小组读信，聚焦前书写水平

小组播报读信，就是根据不同的信箱类型分为不同的小组，幼儿每天在不同的信箱留痕中，自行推选一名读信小组长。幼儿在自主推选出来的小组长带领下，进行小组读信。由于小组中幼儿人数相对较少，因此组内幼儿都能真正地参与到读信当中，对前书写中出现的文字、字母、箭头符号进行交流，有针对性地对他人前书写表征的留痕发表自己的看法。

(2) 平台读信，分享前书写经验

平台读信相对组内播放，参与的面更大更广。由教师组织幼儿进行平台读信，将小组读信中点赞数量最多的留痕信箱在平台上进行读信，为幼儿下阶段探究用前书写进行表征，起到一个承上启下的作用。

浙江省海宁市许村镇永福幼儿园　赵敏

我不想当值日生

案例描述

为了让刚升入大班的幼儿萌发劳动意识,教师宣布要制定值日生制度。这一下子,班级里炸开了锅。

"老师,什么是值日生?"

"值日生可以做哪些事?"

……

见幼儿们对"值日生"这个话题很感兴趣,于是教师鼓励大家积极交流。"根据你的经验,值日生是做什么的?我们班需要值日生吗?""值日生的工作如何来安排?"……

在交流中,初步拟定了实施"值日生"轮流制。从周一至周五,幼儿园公共区的值日、班级自然角、生活区、游戏区、盥洗室、午睡室等值日生的安排以及小组内值日等,每个幼儿都领到值日生任务,都有机会参与班级的日常管理,一起共商安排、明确任务要求。

"值日生"的主要工作内容包括:晨间谈话活动时,向大家播报天气;幼儿园一日生活中,整理玩具和图书,整理洗手台,分发餐盘和擦嘴巾,餐后整理;放学时,向家长问好并提醒家长排队,给回家的小朋友说再见；等等。

落实了值日生制度，接下来就是认真执行。通过一段时间的观察，发现大部分幼儿都能遵守制度，小部分幼儿需要提醒，但也有个别幼儿令老师头痛。邱邱是最不遵守值日生制度的幼儿，对做值日非常不情愿，还时常偷懒，不论提醒多少次都没用；即使被强制要求做值日也是应付了事，还嚷嚷着不想做。

案例分析

值日生活动作为幼儿园最常见，同时也是幼儿最喜欢参与的一项劳动形式，对幼儿个性品质的形成和发展有着不可替代的作用，它可以培养幼儿的劳动能力、发展幼儿的责任心和为集体服务的意识。

案例中邱邱之所以出现不遵守值日生制度，做事情不认真、喜欢偷懒的现象，一是对值日生工作没有兴趣，没有爱劳动的意识，更不知道为他人服务以及自我服务；二是不懂得做事要坚持，缺少责任感。

教师应立足于幼儿园一日生活中的各项活动，拓展出多项活动让值日生参与其中，并从环境支持、尊重个体差异、正确评价等角度出发，激励幼儿主动参与到值日生劳动中，培养幼儿的责任感，促进幼儿社会性的发展，不断提升幼儿的劳动能力和学习品质。

应对方法

1. 创设"隐形"环境，提供劳动支持

对于经常忘记值日的幼儿，教师可以通过在教室进门墙面上创设"今天我值日""小小值日生""这些我都会"等版块，发挥环境影响的隐形作用。

"今天我值日"板块，可以将一周的值日生照片分别贴在周安排表上，促使幼儿更好地记住自己值日的时间。值日生需要提前做好第二

天天气情况的收集工作，在晨间谈话时为同伴播报当天的天气，这不仅培养幼儿的语言表达能力，还锻炼幼儿在集体面前大胆表现自己，且让幼儿意识到播报天气是值日生的责任。

"小小值日生"版块，以图文并茂的形式将值日生工作内容呈现在墙面上，让每个幼儿了解值日生该做的一些职责。对幼儿而言，图谱可以弥补口头语言"稍纵即逝"的不足，以简明、直观的方式引起幼儿的关注，并助其了解活动中涉及的关键信息。

"这些我都会"版块，将值日生需要做的工作以图文形式呈现在点评墙上；值日生做完一件工作，对自己进行自评，觉得这项工作做得好就在下面夹上贴有大拇指的夹子，做得一般就夹上贴有笑脸的夹子。通过夹夹子这个行为，让值日生负责任地高质量完成各项工作。

2. 实施帮扶机制，化解个体差异

值日生制度实施过程中，能看到部分幼儿积极性很高，部分幼儿有时拖拖拉拉地不积极，当然也会有像邱邱这样不喜欢值日的幼儿。为什么会出现这样的情况呢？是因为幼儿的个体差异。个别幼儿对自己会做的事兴趣很浓，对不会做的事有意逃避，从而失去了兴趣。

像邱邱这种情况，教师可以有针对性地与邱邱进行一次谈话，了解邱邱的想法：

师："邱邱，今天你是值日生，你完成了哪些任务呢？"

邱邱："我不喜欢做值日，一做值日我就不能玩游戏了。"

师："你以前不是很喜欢做值日生的吗？"

邱邱："现在不想做了，我不喜欢整理图书和玩具，小朋友们也总是嫌弃我动作慢。"

师："你在发碗筷给小朋友的时候，动作很快哦，很多小朋友还表扬你了呢。"

邱邱："嗯。"

师："其实邱邱可以成为一个很有责任心的值日生，在家里和爸爸妈妈多练习收拾整理，等掌握了技巧，你会很棒的哦。"

每个幼儿的能力发展是不同的，教师要重视幼儿的个体差异，正视幼儿在值日生工作中的能力差别，肯定幼儿的工作态度，并对幼儿采取个别化的辅导，让每个幼儿都能适应并完成相应的值日生工作。在值日生工作中如遇到困难，可以请前一天的值日生帮助，两个人一起完成；同伴之间有协助，在观察、模仿中，通过实践去学习，比教师的说教有用得多。

3. 通过有效评价，激发爱劳动品质

教师的有效评价不仅可以让幼儿及时发现自身和同伴在值日生工作中的优缺点，并根据自身的行为作出及时的改进，也能激励幼儿更加尽责地参与值日生劳动。

评价的方式不仅有教师给幼儿评价，还有值日生本人自我评价、幼儿间相互评价。一日劳动之后，值日生可以根据一日生活中自己的工作表现进行自我评价，记录在"这些我都会"版块里，教师要鼓励幼儿用语言表述自己值日生工作的情况，以及下次工作的设想。自我评价结束后，教师可以组织幼儿集体谈话讨论，然后让幼儿用笑脸贴纸来给当天的值日生评星，并张贴在值日生表中，让值日生的表现一目了然。

为了调动幼儿当值日生的积极性，还可以创设"值日之星"版块，在板块内贴上当周值日生工作最认真负责的小朋友的照片和名字，并给予针对性的点评和表扬，以起到榜样作用。

江苏省无锡市新安中心幼儿园　陆瑜

自主入园并不难

案例描述

　　一日活动皆课程，幼儿自主入园环节蕴含着丰富的教育价值。以往入园时，都是家长把幼儿送进教室。为培养幼儿的自我服务意识和自我管理，我们鼓励幼儿自主入园，仅让家长把幼儿安全送至幼儿园门口。幼儿自主进行晨检、消毒洗手、上交健康卡，并自己拿着或背着从家带的水杯以及其他东西，按每个班所规划的路线走到自己的班级。

　　小班幼儿自主入园是较为困难的，有时候甚至会在幼儿园内迷路；但是经过一两个月的训练，大部分小班幼儿也能够做到自主入园。不过，入学已一段时间的小班幼儿宏宏，依旧没有办法完成自主入园。每天妈妈将其送到幼儿园门口，宏宏便站在大门口哭着喊妈妈，门口值班老师安抚后，勉强把宏宏抱进幼儿园进行晨检。晨检完后，宏宏便又站在原地不知所措，不一会儿又哭了起来；值班老师问他叫什么、是哪个班级的，他都不做回应，直到宏宏的班级老师前来牵着抱着，才把宏宏"安全"送入班级。

案例分析

《指南》明确指出："幼儿身心发展尚未成熟，需要成人的精心呵护和照顾，但不宜过度保护或包办代替，以免剥夺幼儿自主学习的机会，养成过于依赖的不良习惯，影响其独立性、主动性的发展。"生活自理能力必须从小抓起，小班是生活自理能力培养的关键时期，也是黄金时期、敏感时期。

"自主入园"是幼儿成长路上第一次踏出安全区放开成人的手，是独立自主的第一步，它带给幼儿的不仅是自豪感，更是让幼儿在这个过程中形成安全意识、自主意识和自我约束意识，为今后的成长奠定基础。因此，小班幼儿自主入园是非常有必要的。

对于幼儿和教师来说，自主入园是一个新的尝试。教师要善于且主动地对近阶段幼儿自主入园表现进行反思和改进，不断优化幼儿自主入园的方法和策略，总结经验，为幼儿尤其是小班幼儿自主入园提供帮助和支持。

自主入园不仅可以培养幼儿的记忆力、独立自主的能力，也会让幼儿的安全意识、规则意识、自我服务意识和自我约束的精神得到发展。通过自主入园，幼儿的胆量、语言表达能力和社会性交往能力都可以得到锻炼；同时，鼓励幼儿在入园时主动与老师和同伴打招呼，以此对幼儿进行礼貌的教育也在此处体现。总之，自主入园的好处很多，可培养和发展幼儿的多方面能力。

案例中的宏宏，本就对幼儿园环境、布局不熟悉，更别说需要绕来绕去地找自己的班级，这对他们来说的确是有困难的。因此教师首先要做的是和幼儿建立信任感，让幼儿将对父母的依恋转变成对教师的信任。此外，宏宏表现出对于陌生教师存在抗拒，对班级教师也没有亲近感，因此教师对于宏宏的关心和关注度还需要多多加强。

应对方法

1. 帮助熟悉环境，增强幼儿归属感

对尚不能做到自主入园的幼儿，教师要安抚幼儿情绪，减少幼儿入园焦虑，增强幼儿的归属感；并且帮助幼儿熟悉幼儿园的设施、布局，要引导幼儿认识自己的班级。教师还可以为幼儿准备胸牌，备注幼儿姓名和班级，以便园内引导教师可以更准确的将幼儿送至所在班级。

2. 设置路标指示牌，提示幼儿进班路线

教师可以利用中午餐后散步等时间，带幼儿按入园进班路线散步，从而让幼儿能尽快熟悉环境。同时，每个班级可设置特色路线地标，如地面粘贴专属颜色的箭头标、火车道以及有教师头像的辅助指示标，增强幼儿对环境的亲近感，引导幼儿在不认识路的时候可以看路标。

3. 强带弱、大带小，鼓励同伴联动互助

大班幼儿行动力较强，并且已经非常熟悉幼儿园的各行走路线，可以充分发挥"以大带小"的作用，让大班幼儿充当小小护导员，将有需要的小班幼儿顺利送到各自班级。通过这样的活动，还能萌发大班幼儿做哥哥姐姐的光荣感和责任意识。另外，也可以鼓励班级内能力较强的幼儿带动能力较弱的幼儿，或者一强一弱组队，在同伴的引领下，幼儿会快速掌握自主入园的要点。

4. 家长大胆"放手"，支持幼儿自主入园

幼儿的发展离不开家长的努力，家长和班级老师可以录制鼓励幼儿大胆自主入园的视频，在心理上增加幼儿的自信心。家长用积极的心态"放手"，用实际行动去支持和帮助幼儿适应自主入园，这样的信赖与支持也有助于家园关系的进一步提升。

5. 通过实战演练，助力幼儿顺利入园

实战演练是非常有必要的。给幼儿分组进行演练，包括入园的晨检、消毒、交健康卡等环节，以及不认识路了怎么办等情况的处理办法，都要让幼儿进行多次演练，以保证幼儿能更顺利地完成自主入园。

6. 关注个体差异，及时应对问题

在实施自主入园的过程中常出现很多问题，教师在此阶段一定要善于观察和总结问题，并及时想办法应对，从而使自主入园更加顺利。如幼儿手上拿的东西多容易丢，教师可提醒家长给幼儿准备一个轻便的小背包，引导幼儿自己把东西放进去，从而培养幼儿的收纳整理能力。有的家长会非常担心幼儿是否能自主入园，一直打电话请教师多关注，教师应及时向家长讲解幼儿自主入园的好处，并消除家长的担心，获得家长的信任。

对于尚不能进行自主入园的幼儿，教师要做好个案的记录和观察，采取符合个案的应对策略和指导方法，从而帮助幼儿顺利地自主入园。

江苏省南京市栖霞区西岗幼儿园仙林湖园　蔡玮

不喜欢上体育课

案例描述

镜头一：

户外体育活动时间到了，幼儿们都迫不及待地跑到操场上，拿起自己喜欢的运动器械开始运动，玩得不亦乐乎；只有柔柔一个人站在旁边看着。教师走到她身边问道："柔柔，你想要玩些什么呀？"然后拿起一个沙包给她，让她试试投掷游戏，她极不情愿地接过沙包投了几次便又停下了。

镜头二：

骞骞是个活泼的小男孩，平时他最喜欢一刻不停地蹦蹦跳跳。但是每次进行户外运动时，他总是开始时劲头十足，没一会儿便兴致索然，站在一旁看着别人活动，无论教师如何鼓励都无动于衷。

案例分析

体育活动以其丰富的活动内容、多样的活动形式吸引着幼儿的兴趣，它对于幼儿性格形成、身体发育都有着重要作用。通过体育活动，可以增强幼儿体质，培养幼儿克服困难、勇敢向上的优良品质。

柔柔就像她的名字一样，是一个柔柔弱弱的小女孩，性格内向、胆小、不爱与同伴交流，平时不喜欢参加体育运动。一到户外活动时间，她总是默默地一个人站在旁边，不主动参与大家的游戏，小朋友们也不邀请她。骞骞虽然很喜欢进行户外体育运动，但他在平衡、攀爬、钻爬等动作方面都不是很协调，常常因为不能很好地完成而中途放弃，很难达到这个年龄段幼儿该有的运动能力。

幼儿进行体育运动时，教师对于不同幼儿具体的运动情况要给予及时的关注。一些胆小、不爱动的幼儿或者动作不协调的幼儿，如果没有及时地给予关注和指导，会降低他们参与体育运动的积极性。而户外体育活动时，由于安全隐患增加，为保证幼儿的安全，教师开展的活动经常内容单一，规则多、控制多。长此以往，幼儿会缺乏自主与创新，对体育运动失去兴致。

应对方法

1. 了解幼儿的能力，提供适宜的材料

适宜的材料提供与使用是让幼儿喜欢并积极参加体育活动的重要因素之一。活动时，教师给幼儿提供的活动材料要根据幼儿的兴趣、能力和教育目标，有层次地进行投放，让幼儿愿意去选择、去尝试，以此来调动幼儿参与户外活动的积极性。

对于案例中的柔柔和骞骞，二人运动能力比较弱，可以在活动中特别增加一些锻炼性的、幼儿喜欢参与的游戏性项目。如就地取材，利用幼儿们喜欢爬的"娃娃城"，鼓励幼儿自己爬上爬下，锻炼攀爬的灵活性；再如在"小兔摘桃子"的游戏中，在两个呼啦圈之间放一些高低、大小不等的障碍物，锻炼他们走、跳交替的灵活性。通过这样的锻炼，幼儿的运动能力会有所进步，各项运动技能的发展也会越来越协调。

2. 关注日常表现，帮助幼儿树立信心

《纲要》指出："教师要尊重幼儿在发展水平、能力经验、学习方式等方面的个体差异，因人施教，努力使每一个幼儿都能获得满足和成功。"幼儿之间虽然年龄相仿，智力发展水平相当，但他们的身体特征、体育技能等方面的能力是不相同的。作为教师，在户外体育活动中要多关注能力较弱的幼儿，通过激励性的语言和身体力行的示范来增强幼儿的自信心，激发他们对体育活动的兴趣。

如在玩"搭桥过河"的游戏时，幼儿们有序地在"梅花桩"上自由行走，玩得很开心，柔柔静静地站在一旁观看同伴玩耍，而又不敢参与，这时教师要多鼓励，帮助柔柔勇敢迈出第一步。教师的参与和同伴的鼓励，可以消除柔柔内心的恐慌，给她带来学习的动力，让她在活动中体会到成功的快乐。

3. 以丰富多彩的游戏，激发幼儿运动热情

《纲要》指出："培养幼儿对体育活动的兴趣是幼儿园体育的重要目标，要根据幼儿的特点组织生动有趣、形式多样的体育活动，吸引幼儿主动参与。"游戏是幼儿特别喜爱的一种活动形式，在户外体育活动中，将有趣的游戏融入其中，可以激发幼儿运动的兴趣，使幼儿在轻松、愉快的情绪中参与活动。

幼儿们百玩不厌的民间游戏，内容丰富，形式多样，具有极强的趣味性。大部分游戏还配有朗朗上口的儿歌，幼儿们在游戏中边玩边唱，别有一番滋味。如"丢手绢""炒豆豆""老狼老狼几点了"等游戏，幼儿们都玩得不亦乐乎。在这样的氛围中，可以很好地带动能力较弱的幼儿也参与其中，促使他们的身心得到全面的发展。

也可以以故事为来源创设户外体育活动的游戏情境，将幼儿们熟悉和喜爱的故事渗透到户外活动中，如游戏"小兔采蘑菇"就是以幼儿所熟悉并喜爱的《小兔采蘑菇》故事创设的，让故事情节在游戏中再现。游戏时，幼儿们跃跃欲试，为了采到蘑菇，都认真地按照教师

的引导兴致勃勃地进行左右行进跳的练习，使动作技能得到了发展。自然轻松而富有挑战性的竞赛游戏，也可以为幼儿们主动参与锻炼搭建平台。如在游戏"我是小小解放军"中，运用了比赛的形式，使游戏具有竞赛性，幼儿们参与活动的积极性被最大限度地挖掘出来。活动中，他们不甘示弱、不怕困难、勇于挑战，在不知不觉中掌握了技能、发展了体能。

河南省濮阳市华龙区油田基地第七幼儿园　孙长艳

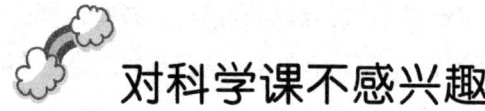 对科学课不感兴趣

案例描述

科学活动"有趣的磁铁"正在进行中,幼儿们饶有兴趣地用磁铁进行着各种探索,兴奋地交流着自己的发现。有的幼儿发现手中的磁铁向另一块磁铁靠近时,另一块磁铁会转过头逃走;有的幼儿则发现去吸时不会逃,但会打圈圈;有的幼儿发现磁铁会翻跟头;还有幼儿发现小磁铁会跑到大磁铁身上去……可是,只有倩倩一个人坐在那里,拿着磁铁一脸不开心地随意吸来吸去,还把盘子里的东西倒来倒去,使得一些回形针撒落在了地板上。

案例分析

《指南》指出:"幼儿科学学习的核心是激发探究兴趣,体验探究过程,发展初步的探究能力。成人要善于发现和保护幼儿的好奇心,充分利用自然和实际生活,引导幼儿通过观察、比较、操作、实验等方法,学习发现问题、分析问题和解决问题;帮助幼儿不断积累经验,并运用于新的学习活动,形成受益终身的学习态度和能力。"

案例中，倩倩的探索目的性不强，只是拿着磁铁随意吸来吸去；探索的欲望不强，且易受环境的影响。在幼儿探索学习活动中，如果缺乏教师的指导，幼儿就会像无头苍蝇一样，不知从何下手。教师在观察了解了幼儿的需求后，要根据幼儿探索过程中遇到的困难，有针对性地给予一个心理与能力的支点，使其能依托这一支点，顺利地克服困难，沿既定方向继续探索前行。教师也要注意活动的趣味性，兴趣是最好的老师，只有对感兴趣的内容，幼儿才能积极地投入。

应对方法

1. 思考科学问题

良好的思维习惯和丰富的想象力，可激发幼儿不断对缤纷世界进行思考。陶行知提出"解放大脑"，把解放大脑放在首位。因为大脑是人的控制中心，大脑的发展和解放不仅影响幼儿对世界的思考，更重要的是大脑的发展影响到手、眼、口等方面的发展。

如"谁能溶解"活动中，幼儿们一边游戏一边嘀咕"糖不见了""盐也不见了"，而倩倩却在旁边看别人操作，不动手、不动脑。教师可以利用活动结束的分享时刻，让幼儿分享自己的发现，或者提出问题：是不是所有的东西都能溶解在水里呢？哪些能溶解，哪些不能溶解？针对这些话题，师幼可以一起讨论制定简单的记录表，让倩倩负责记录哪些可以溶解、哪些不可以溶解，倩倩在听一听、记一记中，初步感知科学的神秘，从而引发思考，学会问为什么。

2. 探究科学内容

在科学活动中，教师要通过引导幼儿观察、动手操作、实地考察等多种方式支持幼儿的探究，促进幼儿探究能力的提升。如"萝卜籽的故事"活动中，教师带幼儿体验如何取籽，并提出问题：用什么方法可以把菜籽壳和菜籽粒分开？幼儿们通过观察、思考，动手操作，用锤子锤、手剁、搅拌、棒子打等方法取籽。此后又体验了晒萝卜籽、打萝卜籽、筛萝卜籽、收萝卜籽、种植萝卜籽等一系列活动，幼儿们动手感知，兴致盎然。

3. 观察科学现象

教师要培养幼儿的科学观察力，引导幼儿发现事物中的科学现象。如教师在班级自然角投放各种各样的种子，引导幼儿观察、认识不同的种子。一开始，倩倩就仅仅是看看种子，没有多大兴趣，为了培养幼儿的好奇心与探究欲，教师和倩倩一起种植，并投放喷壶、放大镜等工具，鼓励倩倩在近距离接触、观察中，发现与感受"芽"的生长变化。倩倩在自主操作、亲身体验和实际探究中获得了直接的体验，了解到生物是由不同的部分组成的，思维得到深化，探究的兴趣渐浓。

4. 扩展科学知识

探究科学的奥秘，在于对自然的观察和发现；很多科学现象仅拘泥于教学的讲授，是不能让幼儿得到很好的认知感受的。应在班级阅读区增加科学方面的绘本，通过集体翻阅、阅读区自主阅读、亲子共读等方式，让幼儿了解各种科学现象和科学知识，拓展幼儿的视野，激发幼儿对科学活动的探索兴趣。

同时，带领幼儿走出教室，走进自然。如探究活动"麦子的故事"，幼儿散步时，走过一簇麦子，突然一名幼儿指着麦穗说："老师，这是什么？长得尖尖的像针一样。"其他幼儿说像玉米、像宝塔……在幼儿好奇的讨论声中，师幼们一起认识了麦穗、麦芒和麦花。

过了一个多月，户外游戏时仍有一部分幼儿对麦子感兴趣，他们发现园里的麦子有的黄了，有的还是青的，幼儿们积极讨论，提出了很多问题。基于此，教师带领幼儿走出幼儿园，走进麦地开展实地考察探究，现场讨论大麦和小麦的形状、颜色、用途以及人们收割、脱粒的方法，初步了解了人们怎样环保地利用秸秆。实地考察回来后，教师借助幼儿对麦子探究的热度，在各个区域创设关于麦子的主题活动：

阅读区：幼儿通过图谱，练说《大麦和小麦》的绕口令。

美工区：幼儿利用黏土捏制麦穗；通过水粉画来画麦子。

科学区：幼儿通过摸摸、捏捏、挤挤，并借用放大镜观察麦子；通过测量麦秆和野麦子种子的长度，比较野麦子和大麦的不同。

生活区：利用秸秆开展编织活动。

在麦子探究活动中，教师充分利用自然和实际生活的机会，捕捉幼儿的兴趣点，提供可操作的工具，引导幼儿运用观察、比较、操作、实验、记录等方法，学习发现问题、分析问题和解决问题。教师还支持幼儿与同伴合作探究与分享交流，引导他们在交流中尝试整理，概括自己探究的结果，体验合作探究和发现的乐趣。活动中，幼儿不但了解了人们的生活与自然环境的密切关系，知道要保护环境，自己的合作能力、探究能力、动手能力也得到了提高。

5. 验证科学规律

科学的探究不是一时就能得出结果的，要不断地求索。教师要给予幼儿充分的时间去思考，并以幼儿为主体，引导幼儿自主思考问题，不能因为探究步骤的复杂和教学时间仓促等原因，而选择去自己讲解。

如在"好玩的磁铁"活动中，幼儿一边游戏一边兴奋地说："这个吸住了""这个分不开呀"……一边吸一边玩。虽然为幼儿提供了记录表，但在游戏中并没有进行记录，没过多久，幼儿就不想玩了。针对这种情况，教师可以与幼儿一起研讨记录表的使用，幼儿两两相互合作、监督，一个操作一个记录，这样更有利于幼儿完成探究结果。

为了使幼儿更深入学习，教师为幼儿提供了一张"蝴蝶怎么飞"的样纸，利用磁铁让"蝴蝶"跟着线路飞，幼儿发现很有趣，兴致勃勃。后来幼儿有了新的兴趣，创意地设计了"小雪人走路"的线路，自主创设情境，并在情境中探索磁铁的磁性。

在幼儿的探究活动中，教师要追随幼儿的兴趣，关注幼儿的需要，适时支持幼儿的活动，抓住幼儿在探究中的问题，鼓励幼儿细致观察、讨论合作、大胆猜测、尝试验证，从发现问题到解决问题；针对幼儿遇到的困难，为幼儿提供探索的支持材料，从而推动幼儿的深度学习。幼儿充分运用自己的感官，在与环境、同伴、老师的互动中不断建构自己对于科学的认知，提高科学素养；在观察、探索的过程中，学会观察、操作实验、记录等方法，增强解决问题的能力。

江苏省镇江新区姚桥中心幼儿园　祁玲玲

让小班幼儿快乐游戏

案例描述

琪琪是新入园的小班幼儿,度过焦虑期后,她不哭不闹,正常午休、进餐,生活能力较强。唯一让人头痛的是,一到游戏和活动时间就走神,上课发呆;即使幼儿们最喜欢的区角游戏,她也经常是在各个区角逛来逛去,并不参与到游戏之中。

今天,琪琪自主选择到"美工区"去玩快乐涂色的游戏。来到美工区,她这张看看那张看看,最后选择了一张玉米图片。刚拿起油画棒下笔涂色,又感觉好像哪里不对,就把笔放下不涂了。

教师见状,走过去蹲下引导说:"琪琪,为什么不想涂了?"

琪琪:"这个太难了,我不会。"

"我来教你吧!你看,只要放慢速度,一笔一画顺着一个方向涂就可以了。"

琪琪按照教师说的方法涂了玉米的叶子。

等教师巡视完一圈回来,发现琪琪已经不在美工区,而是跑到语言区翻书去了。

案例分析

区角活动一直是幼儿们喜欢的活动，小班幼儿由于年龄较小，所以教师在选择游戏材料方面，要贴近生活，选择适合的内容，从幼儿感兴趣的方面着手。同时在游戏中教师应发挥主导作用，适时地帮助与指导，培养幼儿动手操作能力。

案例中琪琪的表现，说明她注意力集中时间较短，对涂色的要求及方法也没有很好掌握，积极性不高。后面琪琪没有在美工区积极探索，而跑到语言区翻书，这说明教师在材料的投放方面不够丰富，没有吸引幼儿足够的探索欲望，游戏的设置也比较单调。

应对方法

1. 设计生动、有趣的区角游戏

游戏是幼儿最喜欢的活动，尤其是具有更多自主性的区角游戏。教师要根据小班幼儿的年龄特点，创设生活区，丰富区域活动的材料，利用废旧材料，进行装饰、美化，调动幼儿积极参与的兴趣。如用塑料瓶制作可爱的"瓶娃娃"，提供小黄豆当"米饭"，让幼儿用勺子给瓶娃娃喂饭吃；提供许多珠子和绳子，让幼儿动手串项链；提供玩具娃娃，给娃娃穿衣服、拉拉链、扣扣子、穿鞋子等。幼儿在轻松愉快的游戏环境中进行游戏，特别在"娃娃家"的游戏活动中，通过反复练习，手指的小肌肉得到了锻炼，动手能力得到了提高，锻炼了自理能力的同时也激发了学习的兴趣。

2. 选择合适的区角材料

区角活动需要通过不同游戏材料的操作来完成，游戏材料的选择可直接影响区角活动的完成质量。在区角活动中，合适的材料投放能引起幼儿的兴趣，使幼儿在游戏中巩固学到的知识和技能，增强学习的效果。

(1) 从幼儿兴趣着手，选择适合的内容

在选择材料时，要从幼儿感兴趣的内容着手，这样才会吸引幼儿参与活动，同时鼓励他们动手操作，从而获得更多的学习经验。如在生活区设置"找笔盖"的游戏，让小班幼儿学会"拧""拔"的动作。刚开始，幼儿们都非常喜欢玩这个游戏，可是反复地让他们给不同的笔找"帽子"、戴"帽子"，时间一长就觉索然无味了。

因此，可以为"找笔盖"的游戏设置不同的玩法：根据笔的大小不同，找大小不同的"笔帽子"；提供不同的纸，让幼儿制作"笔宝宝"跳舞的游戏；给笔身上贴不同颜色的纸，请幼儿给"笔宝宝"找相同颜色的帽子；给不同的笔和笔盖画好图形，让幼儿进行摆放；等等。如此一来，原本简单的游戏，不仅内容得到了丰富的扩展，还大大激发了幼儿的参与热情。

(2) 根据幼儿年龄特征，有层次性地选择材料

每个年龄阶段的幼儿都有各自的发展特点，年龄小的幼儿多以自我为中心，以具体形象思维为主，注意力集中时间短，因此区角游戏的内容要形象具体、游戏性强。

在区角活动中，幼儿的兴趣很大程度是来自材料的吸引，幼儿的能力发展也依赖于对材料的操作，所以区角材料的投放至关重要，区角材料的投放必须考虑幼儿的年龄特点及能力差异。在同一个区角，由于幼儿年龄不同，设置的内容和投放的材料也应有差异，体现游戏材料的层次性。

如在生活区"串项链"的游戏中，对于不同能力的幼儿提供不同难易程度的操作材料，使每个幼儿在原有基础上都有所提高；同时还要根据小班幼儿的年龄特点，提供趣味性、可操作性、多功能性的材料，投放幼儿喜欢玩的游戏材料，让幼儿能够按照自己的意愿自主地选择游戏活动，在活动中体验到成功的快乐。

(3) 提供可操作的材料，让幼儿在游戏中获得技能

区角活动中需要大量的材料，而这些材料应具有可操作性和发展技能性，能够让幼儿在"玩中学"。如在生活区，为了让幼儿练习"扣扣子"，可以投入几个形象可爱的动物玩偶，并制作一些有扣眼的衣服投入到区角中，这样幼儿在活动中不但学会了扣扣子，还学会了穿衣服、整理衣服等。又如投放各种各样的豆子和不同的操作工具，让幼儿进行"谁夹得快"游戏，达到锻炼幼儿手眼协调能力和手的灵活性的目的。

3. 设计合理的游戏区标记牌

在创设游戏环境时，应根据小班幼儿具体形象思维的特点，采用简单、一目了然的标志来建立相应的标记。比如，小班幼儿收拾、整理材料的能力较弱，而每个区角中的材料又很多，幼儿取了材料玩之后经常不能放回原处。对此，可以在放材料的柜子上贴有相应的照片，这样幼儿就能把玩具对着标记"入座"了，材料能很快找到，收拾起来也很方便。

4. 教师发挥支持与引导的作用

在区角活动中，教师应是环境的创设者、指导者，要时刻观察留意每个幼儿的兴趣与操作情况。教师对区角游戏的指导是幼儿是否能在区角活动中得到较好发展的关键，教师要有目的地指导，并渗透于区角活动的各个环节，必要时教师选择机会参与幼儿的游戏活动，做幼儿游戏的支持者、引导者。

教师的指导不是为了干扰幼儿的游戏，而是引导幼儿发挥想象力，同时在游戏中发展幼儿交往、合作和解决问题的能力。如许多幼儿喜欢玩的"神秘宝箱"游戏，教师可以在"宝箱"里投放一些不同材料、不同形状的物体，让幼儿来感知软硬、厚薄和大小，激发他们学习兴趣，培养他们的动手动脑能力。

安徽省合肥市滨湖启明星幼儿园　梁婷

心理疏导

戴眼镜的小男孩

案例描述

鑫鑫是我们中班的一名幼儿，记得小班刚入园时他最爱笑了。每天来园时，他脸上总是笑盈盈的，灿烂的笑脸感染着每个人，让人感觉心里暖洋洋的。他曾说："我最喜欢来幼儿园了，一来幼儿园我就特别开心。"一直以来他都是我们班的开心果，是一位阳光灿烂的小男孩。

在平时的活动中老师很关注他，后来慢慢发现他的眼睛好像有问题，他看东西的时候总是离得很近才行，看图书的时候更是把书靠近眼前。老师提醒了多次后，他也很听话地把书离眼睛远了一些，但没过多会儿，就又把书放近眼前了。

在以后的活动中，老师发现，鑫鑫做什么事情都要把眼睛靠得很近。老师把这种情况反映给了家长，建议家长带鑫鑫去做个检查。家长带鑫鑫去医院检查后，告诉老师鑫鑫的眼睛需要做手术，需要住院治疗。而后将近半年的时间，鑫鑫没再来幼儿园。

在鑫鑫没来幼儿园的这段时间，老师一直和家长保持电话联系，经常询问鑫鑫的情况。家长说鑫鑫做完手术后佩戴了眼镜，但是不爱笑了，变得很沉默，也很不开心。

就这样半年后，在大家的期盼中鑫鑫返园了。针对鑫鑫的特殊情况，家长希望老师多多关照鑫鑫。果真，戴上了重重眼镜的鑫鑫，不再像以前那样开朗了。老师主动和他问好，他却怯生生的，对老师不理不睬，很冷漠。就这样鑫鑫的笑容不见了，见谁都是冷冷的，无论参加什么活动都不积极，很是让人担心。

不仅如此，鑫鑫还排斥与人交往，走路总低着头。有时候老师靠近他，想和他说说话，他会躲开；如果是小朋友找他玩，他会大声地喊道："走开，我和你们不一样，我不跟你们玩！"

总之，戴上眼镜后的鑫鑫，不仅失去了笑容，也失去了自信，觉得自己与别的小朋友不一样，心里有阴影。

案例分析

幼儿较容易因环境的变化、亲子分离、心理冲突等原因而出现较大的情绪波动，并较难自控。这就需要成人去了解他们、理解他们的内心感受，并帮助他们逐渐缓解和转移不良情绪。

鑫鑫的笑容不见了，排斥与人交往，走路低着头，这都是不自信的表现，足见那次手术给他留下的心理创伤。尤其是小小年龄就要戴着厚重的眼镜，心理难免失落，也变得沉默了。

另一方面，将近半年的时间在家做康复治疗，一直没有来幼儿园，他会觉得幼儿园陌生了；也认为小朋友会因为他戴眼镜而觉得他是另类，不愿意和任何人沟通交流。

面对这种情况，家长和老师要帮助鑫鑫从眼睛做手术造成的心理阴影中走出来，让他真心感受到大家对他的爱，帮助他变回原来那个爱笑的自己，重塑信心。

应对方法

1. 多方引导，主动帮助

为了帮鑫鑫找回笑容，当他来园时，老师和小朋友可以面带微笑，热情主动地和他打招呼，让他感觉到班集体是温暖的，大家依然很喜欢他，都愿意和他成为好朋友。

也可以利用区域活动，让幼儿主动邀请鑫鑫参与，如果鑫鑫拒绝，不要放弃，而是热心地去帮助鑫鑫；或者在区域活动结束时，把鑫鑫叫到大家面前，讲讲自己玩了什么、怎么玩、玩得开心不开心，以此来培养他的自信心。

集体活动时，可以有意识地叫鑫鑫回答问题，耐心地引导他把自己的想法说出来，小伙伴适时为鑫鑫的表现鼓掌，表示鼓励；户外活动时，小伙伴们可以主动拉着鑫鑫一起玩。慢慢地，鑫鑫就会重新接受大家，和小伙伴们玩在一起了。

2. 科普常识，找回自信

为了帮助鑫鑫找回自信，接受戴眼镜的自己，我们给他讲了许多戴眼镜小常识，比如每天要把眼镜擦干净，做游戏时要注意保护好眼镜，睡觉的时候要把眼镜放回盒子里。

班里的小张老师戴着近视镜，主动找鑫鑫拍照合影，把照片发到朋友圈，朋友们留言说："戴眼镜的小男孩真可爱呀！"然后把这件事告诉鑫鑫，让他知道戴眼镜并不是什么不好的事情，让他从心里真正接受戴眼镜的自己，找回自信。

3. 陪伴鼓励，提升自信

班里小马老师的家和鑫鑫的家紧挨着。小马老师很热心，为了帮助鑫鑫找回笑容，小马老师告诉鑫鑫的家长，这段时间每天的离园由她负责送鑫鑫回家，这样可以增进与鑫鑫的感情。每次小马老师送鑫鑫回家时，总是给鑫鑫讲很多童话故事，故事里那些精彩的片段引人入胜，鑫鑫听得全神贯注，深深地被故事吸引住了。小马老师会借机让鑫鑫讲一讲自己喜欢的故事情景，鼓励鑫鑫多表达，提升自信。

经过大家的不懈努力，鑫鑫的眼神不再是怯生生的了，眼睛里流露出喜悦的光芒。他开始喜欢和大家做游戏了，也愿意接近老师和小伙伴们了，大家都为他的改变感到高兴。

一天早上来园，"老师好！"响亮的招呼声在教室门口响起，一看，是鑫鑫正笑眯眯地和我们打招呼，他终于找回了笑容，又变回了原来那个阳光、天真、活泼的自己。

山西省晋中市和顺县义兴镇南关幼儿园　张篆英

楠楠的"口吃"

案例描述

楠楠现在是大班幼儿,说话一直不是很利索,有一些口吃。考虑到楠楠即将升入小学,因此很有必要尽快提升其语言表达能力,老师也有意训练楠楠的表达能力,但效果都不佳。

比如,楠楠平时上课时很少主动举手,老师就提出,不管答案是否正确,只要勇敢举手回答的小朋友都能得到贴纸。楠楠毫不犹豫地举起了小手,但在回答问题的时候结结巴巴。老师鼓励她慢慢说,不要着急,可是楠楠却越来越紧张,说话就更不利索了。

通过一段时间的观察发现,在自由宽松的环境中,楠楠能够在自己熟悉的领域与同伴流畅地交流,如果遇到自己不熟悉的话题就会出现说话不利索的现象。比如一次绘画活动中,楠楠与俊俊坐在一起画画,楠楠边画火车边发出"呜呜""咔嚓咔嚓"的声音,还主动向同伴介绍自己的画,并没有口吃的现象。

案例分析

案例中的楠楠有一些轻微口吃，是属于语言表达能力较弱的幼儿。从案例中我们可以发现，她在自由宽松的环境中可以与同伴流畅地交流，在不熟悉的话题中才会出现口吃。这可能是因为楠楠的交流对象较少、社交范围与内容不丰富，导致楠楠的交流广度、交流频率及词汇量有限。当交流内容超出楠楠的知识范围或因为词汇量不够不能准确表达时，不自信的楠楠就会口吃。

语言是交流和思维的工具。在幼儿阶段，语言不仅是幼儿交往、传递事项、表达感情的手段，还是扩大生活广度和深度、获得知识的工具。通过调查，对大班幼儿语言表达能力较弱的幼儿进行分析，主要有以下情况：

1. 生活广度和语言环境的影响

现在的幼儿都比较"宅"，幼儿外出进行社会体验的机会变少了。社交范围的缩小导致交流的对象减少，交流主题和内容也没有以往丰富。交流方式更多的是与家人之间的口语交流，比较少有机会进行多人讨论和表演性讲述。

2. 幼儿自身的心理因素

幼儿正处于心智发展的阶段，部分幼儿有胆怯、害羞的心理。如果没有给予这些幼儿足够的鼓励和展示平台，很容易使这部分幼儿不敢抒发自身的情感，不能用准确的语言表达自己的想法。

3. 电子产品的依赖程度

家庭成员与幼儿的日常对话会对幼儿口语表达能力产生重要的影响。在与家长的沟通交流中，我们发现部分年轻父母看手机的时间比较多，与幼儿的有效沟通比较少。幼儿观看电子产品的时间大大增加，长期处于被动观看的状态，容易导致幼儿逐步丧失主动表达、主动思考问题的积极性。

应对方法

1. 多元策略让幼儿"慧"说话

（1）拓展生活广度与深度

丰富的生活内容与生活经验是幼儿语言表达的源泉与基础。应多带幼儿参加一些户外的社会活动，如去果蔬园采摘蔬菜水果，去公园进行植物写生，探秘植物的生长。通过让幼儿走入自然，融入自然，丰富幼儿的眼界，促进幼儿表达自身对大自然的感悟。

也可以利用图书馆、纪念馆、展览馆、公益募捐等丰富的社会资源，丰富幼儿的生活体验，并通过提问、记录、回顾、讨论等方式促进幼儿深入思考，帮助幼儿梳理总结，将生活中所听、所见、所知的东西与问题建立联系，以此提高幼儿的语言表达能力。当具备了丰富的生活体验，幼儿就有足够的表达素材，并在交流表达时联系自己的生活经历。

（2）高质量的语言输入

早期阅读被认为是高质量语言输入的重要途径。科普类绘本常用规范准确的独白语言，简洁明了地解释说明事物的形状、特征、作用或操作过程。散文类绘本用凝练、生动、优美的文学语言让幼儿在充分驰骋想象的同时感受语言的韵律与节奏。

幼儿阅读各类绘本的过程中，自然地接受美的熏陶与刺激，不断感受文学作品的音律美、节奏美、画面美、情感美。当这些作品中或优美、或凝练、或规范准确的语句慢慢渗入到幼儿的语言系统中，幼儿会逐渐尝试用这些高质量的词句来提升自身语言表达的整体水平。

（3）多样自由的语言运用

幼儿园日常生活中的口语交流，是发展幼儿语言表达能力的重要途径。幼儿在口语交流中可以提高语言组织能力和表达能力，并产生相互影响。教师可以与幼儿围绕幼儿近期兴趣和生活体验进行个别交流，这不仅能够具体掌握每一位幼儿的发音准确度、词汇丰富度，还能及时了解幼儿的思维方式和语言逻辑。当幼儿讲不清时，给予幼儿必要的补充，帮其理清思路，以此来提升幼儿的语言逻辑能力。像楠楠这样有口吃的，教师除了要耐心听完楠楠讲话，还要给予其一定的鼓励，让楠楠多说、多练。

教师也要鼓励幼儿与同伴讨论、交流。幼儿与同伴的交流，在促进口语交流能力的同时还能推动幼儿自主探索愿望、交往能力、问题解决能力等综合素养和学习品质的发展。幼儿与幼儿之间交往，有时比教师介入会更放得开、更和谐。当幼儿们对某一话题感兴趣之后，就都开始大声讨论起来，十分热闹。小组或集体讨论可以让幼儿毫无压力地表达自己的想法和感受。教师要为幼儿创建一个交流的空间，让不同性格、不同能力的幼儿都有一个自在表达的平台。

2. 助力幼儿表演性讲述

表演性讲述是幼儿园语言环境的一部分，如在集体面前讲故事、绘本推荐、新闻播报、玩具介绍、绘本剧表演等。表演性讲述对幼儿的语言组织能力和表达能力的要求更高，部分幼儿面对众多听众时会有一定的压力，产生胆怯、害羞的行为。对于此类幼儿，教师需要从侧面进行鼓励和辅导，为幼儿提供表演性讲述的支架。

支架一：教师鼓励

通常情况下，当教师用肢体和语言进行鼓励时，能缓解幼儿一部分紧张情绪，再配合物质奖励，能够在很大程度上激发幼儿的表达兴趣以及表达的积极性，增强幼儿大胆表达的信心，并有效提高幼儿的语言表达能力。

支架二：同伴支持

对于一些特别胆怯的幼儿，尤其像楠楠这样有些口吃、语言表达能力较弱，没有自信的，教师可以让她邀请好朋友陪她一起进行表演讲述。当她不敢表达或表达不清时，好朋友可以给予帮助、提醒，这样能够帮助她逐步适应有众多听众的语言环境。

支架三：家庭准备

家是心灵的港湾，而家人是幼儿最亲近的人。家庭环境是幼儿最自在、最舒适的环境。对于绘本推荐、新闻播报、讲故事等难度稍大的一些活动，可以请家长与幼儿一起进行前期准备。家长可以与幼儿一起梳理主要讲述的内容，并在家庭中模拟讲述，为幼儿做好表演性讲述的内容准备和心理准备，能很大程度上帮助幼儿建立自信。

支架四：记录梳理

对于一些提前准备好内容的表演性讲述，幼儿的压力主要来源于语言环境和内容记忆。对内容的记忆不应该成为幼儿进行表演性讲述的障碍。针对此类情况，可以通过绘画、表格等记录方式帮助幼儿梳理和记忆，作为幼儿连贯讲述的支架。

上海市嘉定区迎园幼儿园　陶梦婷

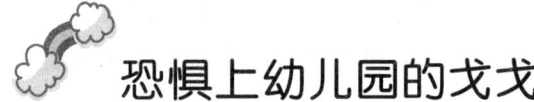
恐惧上幼儿园的戈戈

案例描述

戈戈是一个虎头虎脑、长得很可爱的小男孩。教师在新生家访时，他很开心很有礼貌地与教师打招呼，但当他妈妈对戈戈说："戈戈，这是你的新老师，下次我们和老师一起去幼儿园里玩，那里有许多好玩的玩具，还有好多小朋友呢，好吗？"戈戈一下子就不说话了，躲在妈妈的身后用充满恐惧的眼神看着教师。

戈戈的妈妈告诉教师，戈戈去年开始上幼儿园，但是在以前的幼儿园受过老师的"恐吓"，回家告诉妈妈说："老师骂我，把我关在黑黑的房间里，老师说不准妈妈来接我！"因此他对幼儿园非常排斥，更加害怕老师。家长心疼孩子，加上戈戈年龄又小，就让他晚一年再上幼儿园。事实上，由于之前上幼儿园留下的阴影，戈戈对上幼儿园依然有恐惧心理。

果然，第一天来园，戈戈就紧紧地抱着妈妈不肯松开，更不让老师接近他半步。妈妈心疼宝宝，在幼儿园陪着他；可是戈戈精神极度紧张，朝着妈妈不停地发脾气，直吵着："回家！回家！不上幼儿园！"

接下来的几天，早上妈妈送戈戈上幼儿园，戈戈一进入幼儿园的大门就开始哭闹，哭得惊天动地，紧紧地抱着妈妈，不让老师接近。而妈妈虽然又是骗又是哄的，想让戈戈入园上学，但看到孩子哭得这么伤心，不忍心把他交给老师，最后还是带着戈戈回家了。

案例分析

三岁左右的幼儿离开自己的父母和家庭来到幼儿园，是其成长过程中的一个重要的转折点。幼儿从这一刻起，就迈出了家庭的小天地，真正走进了充实灿烂的集体生活。然而，对这一转折点，幼儿会面临许多不适应，情绪会很不稳定，常表现为哭闹、大喊大叫、拒食、拒玩、拒睡、拒人、默默无语等等。这些表现就是通常所说的新入园幼儿的恐惧症，也就是我们常说的分离焦虑。

幼儿对幼儿园产生恐惧的原因有很多，而案例中戈戈恐惧上幼儿园的原因是比较特殊的一种。由于有过一次上幼儿园的不愉快体验，戈戈觉得上幼儿园是很可怕的一件事，可以说是极度恐惧，导致他对幼儿园充满着排斥，行为难免出现一些偏差，不愿意接近老师，不信任老师。

应对方法

1. 加强沟通，家园互动

教师应主动和戈戈妈妈沟通，让她放心地把戈戈交给老师，教师会安抚戈戈的情绪；同时，也要让戈戈相信老师。建议戈戈妈妈在早上送戈戈来园时不再停留，用自己放松自然的态度感染戈戈，尽力避免将紧张的情绪传递给戈戈。然后微笑着和戈戈告别，很温柔但坚定地告诉戈戈："下午我会来接你回家！"让戈戈有温暖、安全的感觉。

2. 安定情绪，增强信任

孩子与大人之间早期的皮肤接触会促进依恋关系的发生。当戈戈的妈妈走后,教师可以第一时间接过戈戈,抱着他,抚摸他的头,尽量稳定他的情绪,告诉他:"我是老师,我会很爱你的,你如果不开心或者想妈妈了可以跟我说,我们一起等妈妈!"这样可以让戈戈逐渐放下戒心。

接下来的几天,妈妈送戈戈来幼儿园后,戈戈还是哭闹不停,但在老师的安慰下持续时间开始缩短,然后寸步不离地跟着老师,不愿和其他小朋友一起玩。戈戈哭闹的时间开始缩短,表明他内心正逐渐尝试接受这个集体和班级的老师,但情绪还是非常不稳定。

教师需要继续建立良好亲密的师生关系,并以和蔼的态度、宽松的环境感染幼儿。每天来了都主动抱抱他,笑一笑,拉一拉他的手,摸摸他的头。在日常生活中多关注他、帮助他,尽量抽时间陪他,和他聊聊天,说一些轻松的话题,让戈戈感受到老师对他的关注和喜爱,增强戈戈对老师的信任,从而产生安全感、信任感。

3. 借用游戏,促同伴交往

玩是幼儿的天性,玩能给幼儿带来无限的快乐。根据这一特点,组织一些适合不同水平幼儿参与的游戏活动,让丰富多彩的活动每天都充实着幼儿的生活。

日常生活中,教师要仔细观察戈戈的行为,用集体游戏等比较自然的方法引导他同其他小朋友进行交往,用小朋友的积极情绪去感染他,使他开心;让他在同龄人中找到归属感和安全感,体验到跟小朋友相处是一件开心的事情,消除他对小朋友的戒备心理。

经过一段时间调整,戈戈的情绪已经有了明显的转变。在老师的鼓励下,他开始和其他小朋友一起做游戏、玩玩具,只是比较被动。戈戈在和其他幼儿游戏时,当小朋友拿了他的玩具或不小心碰到他,他就会大声地哭泣。在午睡的时候,有时还会偷偷地擦眼泪。戈戈的内心世界还是比较的胆小和脆弱的,就像是一个"玻璃体",害怕别人的触碰,说明上次幼儿园对他的"恐吓"在他的内心留下了深刻的印象;而午睡时的那种黑黑的环境、安静的氛围又让他心生恐惧。教师需要继续采取其他方法引导他跟其他小朋友交往，如发现他有点滴的进步应及时表扬；鼓励他在同伴中寻找自己的好朋友，让他知道幼儿园的老师、小朋友都很喜欢他。

教师要倾听幼儿的心声，及时捕捉教育的契机，深入了解幼儿；在日常接触和交往中，时时做个有心人，及时体察和探明幼儿的兴趣和需要，创造条件、满足需要。

经过老师、家长和其他小朋友的共同努力，戈戈现在早上已经愿意主动地投入老师的怀抱了；白天在园时，在老师的引导下，他也会搬一个玩具坐在老师的身边认真地玩，比刚来的时候有了很大的进步。

浙江省杭州市百合花幼儿园　陈燕虹

被"赶"到幼儿园的豪豪

案例描述

早上入园,只见豪豪爸爸提着一根棍子,在豪豪的身后赶着豪豪往前走。豪豪边哭边说:"我不上幼儿园,我想回家。"豪豪的爸爸很凶地说:"快走,别磨叽!"刚把豪豪送到幼儿园大门口,豪豪爸爸转身就走了,豪豪则大声喊叫:"我不进去,我要回家,爸爸你别走,带我回家。"

由于豪豪使劲挣扎,只能由两个老师把豪豪抬进了班级。在班级,豪豪不和小朋友说话,也不理老师,自己搬个小椅子单独坐在一边大声地哭。老师组织活动时,他就安静一会儿,遇到感兴趣的问题也不会举手回答。

针对豪豪的行为表现,班主任老师和豪豪的家长沟通了好多次,都没解开豪豪不愿意来园的原因,豪豪也是闭口不谈此事。

就这样过去了两个星期,班主任老师开始家访进行调查,终于得知原因。原来豪豪在家只要不听话,家长就跟他说让他去幼儿园,晚上不能回家。家长拿"上幼儿园"来吓唬豪豪,导致他从心里产生恐惧心理。

案例分析

1. 家长育儿知识薄弱

家长对学前教育认识不足，以为幼儿只要能够吃饱喝足、身体健康、有人看管就好了，对于幼儿应自理的事情都无条件的包办。家长这样的错误育儿观使幼儿也形成一种错误认识：只要不愿意干的事情，父母会帮着干，老师也会帮助他，不需要自己学会。由此导致幼儿的独立性和自理能力差。

2. 教师关注度不够

教师没有及时而深入地进行家访，没能及时发现家庭教育信息，对幼儿的关注度少；同时教师也没取得幼儿足够的信任，导致未能及时发现豪豪不爱上幼儿园的原因。

3. 同伴关系不和谐

平常豪豪总是嚣张跋扈，吃水果抢大个的，排队站第一个，玩爬犁总是坐在爬犁上，画画时在小朋友的本上乱涂乱抹。因为与小朋友相处特别不和谐，小朋友都不愿意与他玩。时间久了，豪豪觉得有些失落，有很强的孤独感。

应对方法

1. 向家长普及科学的育儿观

教师应通过家访、个别沟通、家长座谈会、家长开放日等形式，了解家长的育儿观念和方法；也可以设计家长问卷，通过问卷了解家长的育儿观念和方法。在统计、分析问卷时，对持有不同观念、不同方法的家长进行划分，对存在不科学育儿观念的家长进行辅导。教师可以在园内对家长进行指导，如通过家教现场指导活动，引导家长结合互助组，提升科学育儿理念。

本案例中，教师要引导豪豪的家长注重对幼儿进行思想教育，让家长教会幼儿学会沟通、学会独立做事、学会动手动脑，并培养豪豪的兴趣，提升对幼儿园的好感。

2. 及时识别幼儿的行为表现

教师发现问题要及时跟家长反映，并及早做出应对的方法。本案例中，教师没有及时关注豪豪的变化，而是等豪豪的行为表现持续了一段时间后才着手调查，未能及时做出引导。

教师要做幼儿的朋友，得到幼儿的信任和倚靠，架起彼此沟通的"连心桥"，走进幼儿的内心世界，随时掌握幼儿的心理变化。教师还要成为幼儿心中的一把"万能钥匙"，这样幼儿在遇到问题和麻烦时，才会主动寻求教师的帮助。

3. 培养幼儿良好的同伴关系

案例中，由于豪豪的霸道和以自我为中心，导致同伴不喜欢他。教师要有一双善于发现的眼睛，引导幼儿之间和睦相处，教会幼儿如何处理好同伴关系；幼儿在班里有了好朋友，就爱去幼儿园。还要让幼儿学会跟人分享，可以多开展竞赛活动、情景剧表演、集体劳动，让幼儿认识到合作的快乐、集体的力量，真正融入团队中去，感受他人关心的温暖。

教师要利用幼儿的闪光点，让幼儿在各项活动中充分展示自己的才能和技能，小朋友看到豪豪的优点就会给他更多的赞赏，豪豪就会获得更多的认同感。教师还要帮助豪豪创造一些为小朋友服务的机会，如：叠被子、摆桌椅、发彩纸、分水果……让豪豪感受到为别人服务的快乐，充分融入大家庭中。

4. 创造和谐环境，提升幼儿幸福感

幼儿园要创造一个温暖、充满爱和鼓励的教育环境，让幼儿在认同中、接纳中、赞赏中、鼓励中成长。教师要用恰当的语言和语气和

幼儿交流，还要蹲下来倾听幼儿的心声、征求幼儿的意见，让幼儿感觉到尊重、平等，获得归属感和幸福感。

　　教师要多关注豪豪的行为表现和思想变化，关心问候他与家人相处的方式，通过换位思考、身份转变来理解家长的做法。班级小朋友可创编情景剧，把豪豪和家长在家的相处对话方式和事件发生过程表演出来，让小朋友们来评判对与错，再想出解决的方法。这种诙谐幽默的方式，以幼儿的角度看待问题和解决问题，对幼儿更具有说服力，幼儿也会更容易接受。

黑龙江省八五六农场幼儿园　何峰莉

有了妹妹以后

案例描述

中（2）班的开开是个活泼可爱、聪明、善良的小帅哥，他喜欢美术、科学和足球，自理能力和语言能力较强，又有很强的责任意识，深受班级小伙伴和老师的喜爱。

开开的妈妈今年生了一个小妹妹，为了照顾妹妹，妈妈辞职在家带孩子，爸爸又是位工作繁忙的医生，家里的爷爷奶奶也因身体欠佳无法帮忙照顾家庭。因此，妈妈一个人照顾两孩子自顾不暇，多数时间都是开开自己一个人玩。

大班开学之后，老师发现开开有了很大的变化：教育活动时间他总在发愣，不再积极举手发言，没有了以往阳光灿烂的笑容，总是一副无精打采的样子，告他状的小朋友也增多了。

"老师，开开拽我的辫子！"

"老师！开开抢我的玩具！"

"老师！开开故意尿我鞋上！"

"老师！开开把我搭的大楼推倒啦！"

每当小朋友来告状，老师询问开开缘由或提出批评，开开都对老师眨眼露出笑容，一笑了之；对小朋友的意见也无动于衷，视而不见，自己坐在凳子上打转，没有一丝歉意。

由于没有同伴，开开多数时间是一个人自娱自乐，只有绘画时他才能提起兴趣。有好几次，开开跟老师说："我不喜欢小妹妹，晚上想让妈妈搂着我睡。"

针对开开的这种情况，班上两位老师多次跟家长进行沟通，开开的妈妈听了也十分着急。

案例分析

二胎政策开放后，很多家庭都开始有了第二个宝宝。有了"二宝"以后，大宝的生活规律被打乱，家人对其生活和心理的照顾减少，重心转向新的小生命。

在这个案例中，父母对开开在生活上的照顾和关爱都有所忽视和减少，使大宝对妹妹在心理上逐渐产生了不满。开开心里有了失落感，行为也悄悄发生了变化，对什么事情都不感兴趣。以前全家人都围着他一个人转，自从二宝出生后，妈妈生活的重心偏移，并没有关注到大宝的心理变化，只是觉得开开越来越淘气，没有以前懂事了。

妹妹的到来，意味着原先亲密的家庭多了一位新成员。开开还没有做好准备接受妹妹，感觉自己的爱被分享，自己被忽略，因此才在心理和行为上出现了一系列变化。

虽说二宝出生，家长可能会需要更多的时间和精力，但是这绝对不应该是爸爸妈妈忽视开开的理由，二胎父母在生下二宝后应注意对大宝的心理疏导和行为引导。

应对方法

1. 均衡关爱,打消顾虑

做父母的在生活上和情感上对幼儿的关爱,都应做到均衡分配。开开的父母应该想到妹妹的到来对开开心理的影响,在精心照顾二宝的同时也要充分重视开开的心理变化,从"关注—理解—疏导"的角度引导幼儿,而不能因自顾不暇而忽略大宝的感受。针对本案例,父母要关心、关爱开开,通过行动慢慢打消开开的顾虑。

2. 适度关注,合理纠正

教师可以和家长共同联系制订方案,并反复尝试。比如在绘画月饼时,教师让每个幼儿在月饼上写一行祝福的话送给自己喜欢的人;或者利用开开喜爱绘画的特点,让他画一幅《我的家》。还鼓励有弟弟妹妹的幼儿分享他们与弟弟妹妹之间的故事,借助同伴的力量影响开开。

3. 引导鼓励,增强自信

《纲要》对社会领域的教育要求中指出,应教会幼儿必要的交往技能。其实这个"教"不是单纯的说教,而是成人要做好幼儿生活的榜样,教师、家庭、社会三合一适度关注,培养相互关爱的下一代,对幼儿健康和谐的发展起到积极作用。

幼儿入园前并非一张白纸,他的生活习惯和能力形成往往有家庭和社会背景,这决定着幼儿的能力水平。教师要能够客观真实地观察和了解幼儿生活的细微表现,及时发现幼儿的心理需求和发展需要,不断调整教育行为。对开开应多加关注多鼓励,多给他提供为班级服务的机会,锻炼开开的能力,让小朋友看到他的努力和进步,用闪光点激发他的自尊,培养、增强开开的自信。

4. 同伴关爱,积极影响

教师可以在班级进行"互相关爱"的主题谈话活动,通过系列问题引发幼儿对开开的关注：

（1）什么是缺点和优点？

（2）你有缺点吗？你的优点是什么？

（3）每个人都有优缺点，都应被尊重，我们班里的小朋友，是兄弟姐妹，我们应该怎样和开开友好相处呢？

（4）大家一起找一找开开身上的优点。

（5）现在，你们愿意和开开做朋友吗？

幼儿们在教师的启发下，会慢慢改变对开开的看法，逐渐愿意和开开交朋友，和他一起分享好吃的食物，一起带他做游戏。在日后生活的师幼互动中，教师可以潜移默化地将这种爱与接纳渗透在一日生活中的各个环节，引导开开不要故意激怒别人以求关注，而是形成相互关爱的同伴关系，一起度过快乐的童年。

河南省濮阳市实验幼儿园　李艳丽

解读"熊老大"

案例描述

增增是我们幼儿园里出了名的调皮大王,总是仗着自己有90多斤重的身体去欺负其他小朋友,不是故意把小朋友撞摔跤,就是排队的时候把小伙伴推倒。诸如此类的不礼貌行为还有不少,几乎每天都有小朋友为此来找老师告状。

前些天,教师正巧碰见了增增的妈妈,发现她肚子里已经有了小宝宝。在对增增的妈妈表示恭喜之余,教师也多了一份担忧:增增能做好大哥哥的角色吗?

带着这样的疑问,第二天在喝水休息的时间,教师把增增叫来聊了聊。

"增增,妈妈肚子里有宝宝了,你高兴吗?"教师试探着问。

"我知道,妈妈肚子里的宝宝是个小妹妹!"

教师诧异:"你怎么知道是个小妹妹呢?"

增增回答:"因为我喜欢小妹妹。"

"那你可要保护好妈妈和妹妹哟!"

"我才不要呢,我要打妈妈的肚子!"增增皱着眉头一边生气地说道一边摆弄着手里的玩具。

"怎么能这样呢？刚才不是说喜欢妹妹吗？"话音刚落，增增就被旁边幼儿的玩具所吸引，只留下满脸震惊的教师，呆滞地望着增增的背影久久不能释怀⋯⋯

几天过去了，增增的话时不时浮现在教师的脑海中，于是教师找机会又和增增聊起了关于"妹妹"的话题。

"妈妈肚子里的妹妹什么时候出来呢？"教师小心翼翼地问。

增增大方地说："现在妹妹才4个月，妈妈说还早呢。"

教师接着问："你上次不是说喜欢妹妹吗，那为什么要打妈妈的肚子呢？"

似乎这个问题有点敏感，增增皱起眉头："因为妹妹在肚子里把妈妈弄得很难受，妈妈经常吐，很不舒服，我想让妹妹在里面乖一点。"

原来如此，增增对妈妈的爱，导致想教训肚子里的妹妹。

众人眼中的"熊老大"，或许有时候只是一种误解吧。

案例分析

进入了二孩时代，有多少父母在给大宝增添弟弟妹妹的时候，是否给他们的心理建设做足了准备？一方面，由于家长在"二胎问题"上与幼儿缺乏最基本的沟通，这也导致幼儿对二胎到来的不理解和不认可，从而有了一些抵触的情绪。另一方面，家长总是希望家里的老大做出哥哥姐姐的表率，希望通过榜样作用来解决幼儿争风吃醋的矛盾，常常给老大说："你是哥哥，要让着妹妹。""你是姐姐，要先让弟弟玩。"这样的行为和话语，可能使幼儿在耳濡目染中迅速成长为"小大人"，但也可能让幼儿加剧内心的反抗情绪，导致"熊老大"的诞生。

应对方法

通过增增事件,我们可以看出,其实"熊老大"并不"熊",他们的"熊",往往是因为爱的分配失衡。家长忽视他们的情绪,没有耐心倾听他们的想法,甚至对他们严厉批评,但这一切可能都只是误解。

1. 教师的关心

教师要做一个有心人,准确识别幼儿的行为和话语其中的含义。在增增的案例中,如果因为第一次的谈话就对增增定义为"熊老大"的话,这是极其草率的做法。幸而有第二次的交谈,才让教师了解到这个平日里莽莽撞撞的调皮大王也有内心细腻的一面,他是用自己的方式来表现对妈妈的爱和呵护。

作为教师,要关注幼儿的情绪变化,主动给予关怀,和幼儿聊一聊他们的烦恼、困惑,像一个大朋友一样去帮助他们排除困难,在第一时间消除他们的心理负担。特别是在弟弟妹妹出生后,幼儿由于家庭关注度的转移,更需要教师给予他们"像妈妈一样的爱",倾听他们的内心感受,了解他们真实的想法,利用幼儿园的时光陪伴他们度过适应期。

2. 同伴的倾诉

可以在班上开展一次文学创编活动,让幼儿们写一写自己的愿望。教师特意看了看增增创编的诗,上面是这样写的:

星期一,我的愿望是爸爸妈妈带我去游乐场;星期二,我的愿望是爸爸妈妈陪我睡觉;星期三,我的愿望是爸爸妈妈带我去骑自行车……星期天,我的愿望是爸爸妈妈不再看手机,带我去大草原!

读完这首诗,我们能深深地感受到增增是多么希望父母多一些陪伴、多一份关爱。这时,可以请来增增平时最要好的小伙伴,把增增的情况告诉他们,让他们在做游戏的时候多陪陪增增。在活动区进行

搭建游戏的时候,三个小伙伴一直陪伴在增增的身边,和他一边搭着积木,一边聊着天:

"增增,你想要什么材料,我分享给你。"

"增增,今天放学我们一起去大操场踢球怎么样?"

增增想了想回答:"好呀,我妈妈快生妹妹了,没时间陪我,我和你们一起去吧!"

"没关系,我们每天都陪着你,陪你去操场踢球。"

……

在小伙伴的倾诉与交流中,增增越来越高兴,就像一轮艳阳驱散了乌云。所以,幼儿之间的倾诉与关怀往往是最质朴、最纯正、最能打动人心的。

3. 家庭的温暖

虽然我们有种种途径去帮助老大走出困境,但是最有用的灵药还是来自家庭的温暖和爱,因为父母的爱是无可代替的。可以利用闲暇时间,和增增的妈妈进行交流,引起她的重视。

接下来的日子里,增增妈妈每天利用短暂的时间和教师交流增增在园的情况,以及回家后和增增进行谈话,忙里偷闲地陪伴着看绘本、讲故事。增增妈妈说,虽然因为二胎家里每天都像"打仗"一样,可是看着自己儿子笑得和以前一样开心,就觉得一切都值得!

陆军军医大学第二附属医院幼儿园　徐亚玲

幼儿的从众行为

案例描述

新学期伊始，幼儿经常会出现入园焦虑的现象。比如一个幼儿哭闹得到教师的安抚，会引起部分幼儿的情绪变化，他们也希望得到同样的关注。

在幼儿园日常生活中，一个幼儿想去上厕所，会有许多的幼儿提出同样的要求；一个幼儿口渴要喝水，会有其他幼儿也跟着要喝水……这种跟从的情况，在日常生活中经常发生。

在游戏活动中，幼儿同样会出现从众的现象。比如教师提问云朵都有什么形状，如果有人在回答时说像小猫，接下来会有很多幼儿说出动物的名字；如果有的幼儿回答是汽车，则会有更多的交通工具被喊出……他们的思维会被第一个幼儿所引导，并且会压抑自己的主观意愿，心甘情愿地接受别人的"指挥"。

案例分析

从众心理指个人受到外界人群行为的影响，而在自己的知觉、判断、认识上表现出符合于公众舆论或多数人的行为方式。通常情况下，人们会认为多数人的意见往往是对的，所以从众心理是个体普遍存在的一种心理现象。从年龄上看，幼儿比成人更容易从众，原因如下：

1. 缺乏自信心

发育缓慢、活动能力偏低的幼儿，经常受到各方面负面评价的影响，不仅学习、生活的自信心受到打击，还会陷入认识的误区，以为只要跟表现好、能力强的人保持一致，就不会犯错误。因此，为了少挨批评，他们就会选择"人云亦云"，即使有时已经看出错误，也会因不自信而不敢大胆地表达出来，在内心保留自己的想法，却表面从众。

2. 集体的压力

幼儿在一日生活中，必定要遵守一些行为准则，这些有形和无形的规范会产生一种压力，使一些独立性不强的幼儿为了避免脱离群体而失去安全感、自我认同感和归属感，更为了消除自己被群体孤立后的恐惧心理，只得控制自己的言行举止，紧跟或参照他人方式行事，并无条件地遵从群体的规范，在从众中获得暂时的心理满足。

3. 无意识行为

在一些特殊的情景中，缺乏一定判断力的幼儿极易出现从众行为。如有幼儿用油画棒随意在墙壁上涂鸦，后面来的几名幼儿也一同加入涂鸦行列。当问及这些从众幼儿涂鸦的原因时，他们都没有明确的答案，就是看着别人在玩，他们也要跟着玩。

应对方法

1. 培养幼儿独立思考的能力，激发幼儿的自信心

《指南》指出："幼儿的学习是以直接经验为基础，在游戏和日常生活中进行的。要珍视游戏和生活的独特价值，创设丰富的教育环境，最大限度地支持和满足幼儿通过直接感知、实际操作和亲身体验获取

经验的需要。"当幼儿对问题的思考仅限于表面时，教师可以无条件地支持、引导和鼓励幼儿逐渐深入理解。如果幼儿不能深入思考，就很容易形成从众心理。

教师一方面要培养幼儿遇到问题多问"为什么"的习惯，引导幼儿在发现问题、解决问题的过程中培养思维的独立性和创新性。另一方面要为幼儿营造轻松的心理氛围，鼓励幼儿大胆发表个人的看法。特别是对于幼儿仍不成熟的、甚至是错误的想法，教师一定要予以足够的重视和鼓励，因为只有在不断获得肯定、支持、赞赏的过程中，幼儿的自信心才能极大地激发，从而克服盲目从众的心理。

2. 创设良好的班级氛围，引导健康的思考习惯

首先，营造积极向上、轻松愉悦的班级氛围，充分利用游戏、角色扮演、实际操作等环节，帮助幼儿发现自己和同伴的闪光点。幼儿相互间能够取长补短，汲取到同伴的智慧经验，扩展自己的优势，克服不良言行，使良好的个性得以和谐发展。

其次，要确立良好的榜样。教师要时刻关注班级的习惯导向，一方面要以自己规范的言论和行为影响幼儿，另一方面还必须采取灵活多样的方式，营造积极向上的集体环境。引导幼儿在认识和行为上分清是非，并充分发挥从众心理的积极作用，引导幼儿在从众的基础上有的放矢地纠正自己的言行。

再次，教会幼儿应对消极的群体压力。随着相互间交往的增多，幼儿对自己所处群体的依赖和信任，往往会屈从于小群体而盲目从众。为此，教师必须在引导幼儿正常交往的同时，对自发形成的良好习惯和行为规范加以鼓励、赞赏，对不良的倾向予以制止或转化，在此基础上，要着重鼓励幼儿克服自身弱点。

3. 搭建师幼平等对话的平台，营造温馨的集体氛围

《指南》指出，"幼儿的发展是一个持续、渐进的过程，同时也表现出一定的阶段性特征。"幼儿教师在一日常规活动中，应充当支持

者、鼓励者、引导者的角色，要无条件的接纳、关爱每位幼儿，营造温馨的集体氛围，为幼儿提供公正平等的平台。教师绝不能把幼儿看作被动的、什么也不懂的"小孩子"，更不能把自己的愿望和想法强加给他们，否则不平等的师生关系只能培养出依赖、懦弱、盲从的幼儿。

在幼儿的一日生活中，我们应该重视并培养幼儿的学习品质，对幼儿及时表现出的积极态度和良好的行为倾向给予鼓励和表扬，有效利用从众心理，引导幼儿养成认真专注、敢于尝试、不怕困难的优秀品质，从而促使每一个幼儿都能获得最大限度的发展。

黑龙江省伊春市南岔县浩良河化肥厂幼儿园　丁美芳

温暖守护"玻璃心"

案例描述

镜头一：难舍难分

开学已有半个月了，小朋友们情绪逐渐平稳，开始步入幼儿园生活的正常轨道。唯独涵涵还不适应，整天眼泪汪汪的，嘴里一直念叨着一句话："等下妈妈来接我了呢，宝宝就可以跟着妈妈回家了。"教师尝试着跟他聊天、拥抱，可似乎难以走进他的内心，涵涵脸上从未露出过笑容，总是一副心事重重的样子。

因为涵涵在幼儿园不肯吃饭，也不愿意睡觉，所以小脸变瘦了。涵涵妈妈看了非常心疼，每天都会仔细询问涵涵的情况。早上入园时，母子两人经常会上演"难舍难分"的一幕。

镜头二：形影不离

涵涵妈妈提出想陪着涵涵一块儿上半天幼儿园，用这样的方式逐渐帮助他适应。看到涵涵妈妈的良苦用心，教师同意了她的建议。

接下来几天，涵涵妈妈每天都陪涵涵一起上课、吃饭、做游戏……

涵涵对妈妈非常依赖：上课要挨着妈妈，吃饭要妈妈坐旁边，上厕所还要妈妈陪同。对于其他小朋友，涵涵则完全没有了交流；教师想跟他聊聊天，也几乎不可能。

镜头三：严重依赖

根据涵涵的情况，教师决定与涵涵妈妈进行一次谈话，告诉她这样做并不能改善幼儿的分离焦虑，反而加重了幼儿的依赖心理，让她必须跟涵涵保持一定的距离。涵涵妈妈虽然口头上答应，但行为上一点没有改变。

除此之外，教师在上课邀请涵涵回答问题的时候，涵涵妈妈的过于不放心让教师很为难，陪读不但加重了涵涵的依赖感，还无意间影响了教学活动的开展。

案例分析

涵涵表现出来的种种行为可以看出他还处在分离焦虑中，总爱自言自语，用这样的方式安抚自己的心情。像这类幼儿，一般都比较内向、敏感，有颗弱小的"玻璃心"。他们不像其他幼儿一样，会通过与人交流，让别人关注自己的焦虑，而是小声地自我安慰，焦虑的时间往往也较长。

涵涵的确需要更多的安全感，但是妈妈陪读的形式并没有根本性地解决这一问题。涵涵虽然在幼儿园不哭闹了，但在他的内心世界里只有妈妈一个人，完全排斥与小朋友和老师交流。妈妈陪伴的方式不但不能改善幼儿的分离焦虑，还放纵了涵涵对妈妈的依赖，让他更加难以独立。

涵涵妈妈是一位全职妈妈，对幼儿细心照料，在生活上的许多事情都包办代替。全职妈妈容易在心理上依赖幼儿，把心思都放在幼儿身上，自己本身也比较焦虑，对幼儿在园的事情比较敏感，总希望老师对自己孩子关注多一些，这样的情绪状态也会间接地给幼儿带来负面的影响。

应对方法

1. 引导家长正确看待分离焦虑

分离焦虑是幼儿一个过渡期的行为表现。不管是家长还是教师都应尽量平和心态,不要埋怨幼儿,多给予正面鼓励,带给幼儿自信,让其形成独立性。涵涵妈妈对幼儿的分离焦虑有一些误解,教师可以着重安排一次家访,在相互诉说想法中,给涵涵妈妈提一些建议。

教师在面对刚刚入园的幼儿时,要把他们当成是自己的朋友,耐心地和幼儿聊天,陪他们一起游戏,避免用成人的角度去观察他们。虽然也有一些幼儿刚开始不喜欢和教师接触,但只要让幼儿觉得教师是没有侵略性的,幼儿就会慢慢地向教师敞开心扉,寻求教师的关心和帮助。同时,家长也应该正确对待幼儿的分离焦虑,要明白幼儿也能感受家长的情绪,如果家长自己过于焦虑也会加重幼儿的焦虑。

2. 培养幼儿基本生活技能

幼儿焦虑的产生有时还因为是生活自理能力差,在幼儿园需要自己动手的事情不会做。涵涵有时的哭闹就与生活技能的缺乏有关系,尤其是在吃饭和睡觉难以自理的时候,自然就想起了妈妈。

对此,教师需要耐心引导,给予涵涵在生活上的各种帮助,积极抚平当涵涵在自理能力上出现困难时而出现的焦虑心情,多一些时间等待他自己完成,逐渐帮助涵涵建立自信。

家长也需要积极培养幼儿的自理能力,应该给予幼儿生活技能上的指导,如:要求他坐在桌子旁自己吃饭,不能在吃饭时随意走动等;指导幼儿试着在大小便前后自己脱、提裤子;教会他自己洗手、自己睡觉以及认识自己的物品;等等。

3. 扩大幼儿交往的伙伴群

教师应助力幼儿营造"朋友圈"。涵涵是家里的独子,在家的玩伴也多半是爸爸或是妈妈，同幼儿园中年纪相仿的伙伴一起游戏，可以将涵涵的注意力从父母转移到玩具或是小伙伴身上来，让涵涵和其他幼儿能够玩在一起，建立小范围的交际圈。

家长需要配合扩大幼儿的"朋友圈"。涵涵在家比较"宅"，平时爸爸妈妈也很少带他出去，教师应建议家长多带涵涵和小伙伴接触，使涵涵的社交能力慢慢地得到锻炼。

日常生活中，教师细心关注涵涵的情绪状态，经常给予他鼓励、爱抚，家园共同努力，帮助涵涵逐渐步入幼儿园生活轨道。

浙江省海宁市许村镇中心幼儿园分园　俞佳英

给叛逆小孩温暖的抱抱

案例描述

竹竹是一个"特别"的天使，刚满四周岁，在班级里属于年龄偏小的幼儿。他脸蛋白白净净的，一双大眼睛特别有神，笑起来还有两个小酒窝。这样一个"白糯米团子"一样的幼儿，却常常让家长和老师抓狂。

镜头一：

勋勋奶奶带着勋勋一早来到班上，怒气冲冲地问老师："班里的竹竹是谁，为什么要咬人？"老师忙着安慰奶奶，询问勋勋事情的经过，旁边的小朋友却拉着竹竹过来了。勋勋奶奶责问竹竹，教育竹竹不准再咬人。老师忙着劝慰，竹竹却躲在老师背后给勋勋奶奶做鬼脸、吐舌头。

镜头二：

喝水的时间到了，小朋友在老师的指挥下，分组陆陆续续地进了饮水房取杯子排队喝水。竹竹是第一组进去的，可是等第四组幼儿都喝完回来了，竹竹却还在里面。值日生小朋友跑出来告状，说竹竹在里面接一点喝一口，剩下的倒了，又继续跑回去接，这样反反复复好几次。每次值日生提醒他，他都置之不理，这让后面排队的幼儿意见很大。

从上面两个案例可以看出，竹竹是一个非常好动且具有明显叛逆意识和行为的幼儿。他想做什么就做什么，非常不愿意与人沟通，做事情都是凭自己的喜好。老师的话和要求他根本不听，有时越不让他做的事情，他越偏要去做。

案例分析

竹竹的爸爸妈妈是再婚组合，爸爸年纪已比较大，妈妈还很年轻。爸爸平时工作太忙，没时间和竹竹交流；而妈妈虽然是全职照顾家庭，却没有育儿的经验。由此导致了他们对幼儿教育的不重视和对幼儿早期教育知识的缺乏。妈妈日常就是接送竹竹上学放学，管吃管住，调皮的时候一顿打骂。竹竹即使表现好了，也很难得到爸爸妈妈的鼓励和表扬。

在和竹竹妈妈的交流中，我们了解到平时妈妈都不会主动去和竹竹沟通，很多时候竹竹主动要求家长陪着玩，也因为家长的各种原因而没能满足。久而久之，竹竹就没有再要求过爸爸妈妈陪他玩了。由此可见，竹竹最开始是非常想要家人陪伴的，可是每次的需求都得不到回应。时间一久，便没有了期望，渐渐地更加封闭自己。可是内心的渴望又刺激着竹竹总想引起父母的关注，但他却不知道怎样才能让父母关注他，所以常常用"叛逆"的方式去刺激大人。可结果往往是适得其反，反而造成更加消极的结果。

应对方法

1. 让家长正视幼儿存在的问题

在父母的眼里，自己的孩子总是好的，因此刚开始竹竹父母和老师的沟通情况并不理想，他们对于老师所说的关于竹竹的表现都不相信。为此，我们结合班级开展的家长助教活动，请竹竹的爸爸和妈妈参与到活动里，观察竹竹在集体生活中的表现和行为。经过两次的活动观察，竹竹的妈妈开始着急起来，于是积极地听从老师的建议，配合老师的教育方法。

2. 帮助家长掌握与幼儿正确的沟通方式

建议妈妈首先改变日常与竹竹的相处模式，把眼光放在幼儿真正需要的东西上。刚开始，竹竹的妈妈也是迷茫的，太久不和幼儿交流，根本不知幼儿的喜好，也不了解幼儿生活的圈子，也因此每次和幼儿找话题都冷场，不知道该说些什么。

我们就利用每天晨间接待和离园的短暂时间，把竹竹当天在幼儿园的活动简要地讲给妈妈听，和妈妈一起寻找竹竹感兴趣的话题。比如今天竹竹搭了一座很高的房子，或者画了一幅非常有想法的画，让妈妈可以从这些点入手，和竹竹进行有互动的谈话和交流。

渐渐地，竹竹妈妈学会了利用上学放学的时间和竹竹聊天，讲幼儿园的生活，谈假日里可以做些什么事。一个星期后，竹竹的妈妈就感受到了和幼儿的有效沟通带来的好处。有了沟通的桥梁，家里的气氛好了很多。

3. 家庭陪伴，给予幼儿爱与安全感

都说陪伴是最好的教育，我们也把这个理念传递给了竹竹的爸爸和妈妈。爸爸工作很忙，妈妈最初也不知道怎么来陪伴。我们就利用QQ、微信等社交软件，经常和竹竹妈妈分享一些可以和幼儿一起做的事情。我们鼓励竹竹妈妈先试着用一天的时间，全身心地陪伴竹竹：陪着他游戏，陪着他看动画片，陪着他打球；一起讨论怎么样来搭房子；一起来讨论他最喜欢看的动画片；等等。

经过一段时间的尝试，成效初现。有一天早上竹竹兴高采烈地来和老师说，周末爸爸妈妈带他去了公园喂小鱼，还一起放了风筝。一

脸满满幸福的他，内心也充满了感动和温暖。而那一整天，竹竹的情绪都非常好，有小朋友和他发生矛盾，他也都宽容地原谅了别人。

4. 师幼倍伴，给予爱和温暖

在竹竹悄悄发生变化的同时，我们也带动小朋友一起行动，用老师和同伴的关心和爱护让竹竹感受到幼儿园的温暖。老师常常利用午睡起床给他们穿衣服的时间，或是幼儿们自由游戏的时间，以朋友的身份和竹竹聊天，或是逗逗他，开开小玩笑。例如玩"邮递员"游戏的时候，老师和小朋友会有意识地故意把"信"送给竹竹，让竹竹来当"送信员"，以此使他得到更多好朋友的关注。

当和竹竹成为朋友之后，我们再引导竹竹学会清晰明白地表达自己的意思，不管他是想要做什么，或是想要什么东西，都需先试着和我们来沟通。渐渐地，竹竹在做事情之前，都会有意识地来询问老师的意见；在和小朋友交往时，也会试着先征得小朋友的同意或是积极地去寻求小朋友的接纳。老师也不再是竹竹眼里可有可无的存在了，很多时候，竹竹会主动跑过来抱着老师亲亲。每当这个时候，我们都觉得非常地幸福。

幼儿的心灵都是非常敏感的，也是脆弱的。当一个人被所有人责怪和厌弃的时候，他怎么会有力量继续前行？成人尚且不能，更何况是幼小的幼儿！所以，我们千万别忽视幼儿伸出的手，记得给他温暖的拥抱，带着他一起向前走！

四川省成都高新区和美实验幼儿园　刘冬梅